电力营销业务
风险防范与典型案例

广东电网有限责任公司东莞供电局

王鑫根　钟立华　主编

中国电力出版社
CHINA ELECTRIC POWER PRESS

内 容 提 要

本书从营销稽查工作实际出发,立足于加强营销工作质量监督,提高经营管理水平和经济效益,对电力营销风险进行了分析,并收编了 67 个典型的营销稽查案例,包括业扩报装、电能计量、电费抄核收、客户服务、用电检查、管理线损和客户停电管理七个营销专业,分别介绍了每个案例的稽查过程,经分析后,提出了相应的整改与防范措施。

本书适合供电营销稽查工作人员和相关管理人员参考借鉴。

图书在版编目(CIP)数据

电力营销业务风险防范与典型案例 / 广东电网有限责任公司东莞供电局,王鑫根,钟立华主编. — 北京:中国电力出版社,2018.6
ISBN 978-7-5198-1586-8

Ⅰ. ①电… Ⅱ. ①广…②王…③钟… Ⅲ. ①电力工业-市场营销学-案例 Ⅳ. ①F407.615

中国版本图书馆 CIP 数据核字(2018)第 073827 号

出版发行:中国电力出版社
地　　址:北京市东城区北京站西街 19 号(邮政编码 100005)
网　　址:http://www.cepp.sgcc.com.cn
责任编辑:岳　璐(010-63412339)　关　童
责任校对:太兴华
装帧设计:王英磊　张　娟
责任印制:邹树群

印　　刷:三河市百盛印装有限公司
版　　次:2018 年 6 月第一版
印　　次:2018 年 6 月北京第一次印刷
开　　本:710 毫米×980 毫米　16 开本
印　　张:9
字　　数:125 千字
印　　数:0001—2000 册
定　　价:40.00 元

《电力营销业务风险防范与典型案例》

编　委　会

主　　编： 王鑫根　　钟立华

副 主 编： 李飞伟　　张文冰　　陈校华

编写人员： 杨悦群　　杜文娟　　陈乐培　　袁志聪

叶劲龙　　言　宇　　刘雪敏　　温　勋

谢树和　　魏建荣　　唐卫培　　谢卫锋

麦敬明　　祁梓豪　　张柳斌　　袁淑霞

前 言

近年来，随着电力体制改革的逐步深入，电力营销工作进入快速发展阶段，对电力营销稽查也提出了更高的要求。电力营销稽查作为营销管理工作的二次防线，全过程监督各营销业务环节，以减少各种工作差错和责任事故，使电力营销工作适应市场经济，促进行风建设，完善自我约束机制，严肃电力营销经营纪律。

为满足营销稽查工作逐步深化的需求，帮助电力营销稽查人员开展工作，及时发现电力营销差错，分析问题产生的原因，制订防范措施，及时交流经验，加强警示教育，提高电力营销稽查管理水平，本书编写人员对风险进行了分析，并收集和整理了典型案例。

本书编写注重实用性，从营销稽查工作实际出发，立足于加强营销工作质量监督，提高经营管理水平和经济效益。本书收编了基层单位和有关单位的67个营销稽查典型案例，专业范围包括业扩报装、电能计量、电费抄核收、客户服务、用电检查、管理线损、客户停电管理七个营销专业，介绍了案例稽查过程及稽查技巧，提出相应的整改防范措施，为供电企业营销稽查工作人员和相关管理人员提供参考。

本书在编写过程中得到了编写人员单位的大力支持，参考了很多相关资料和供电公司有关文件，在此一并表示衷心的感谢。

由于时间紧迫，加之水平和资料有限，虽经反复修改，仍难免会有疏漏和不妥之处，恳请读者批评指正。

编 者

目 录

第一章

概　　述

第一节 电力营销风险防范

1. 电力营销风险防范的背景

电力行业具有技术资金密集、供需瞬时平衡、生产运行连续、不能大规模有效存储等特征，具有较高的风险性。随着国际先进电力市场的不断影响、国内电力体制改革的日渐深入、国家监管力度的持续加强以及客户对服务的要求越来越高，电力企业的建设及生存面临着巨大的考验。要实现"创建管理精益、服务精细、业绩优秀、品牌优异的国际一流电网企业"的战略目标与"打造安全、可靠、绿色、高效的智能电网成为引领发展、广受尊敬的卓越企业"的企业愿景，电力企业需要着力提升企业经营能力、可持续发展能力、创新能力、国际化能力和品牌运营能力，最大限度地创造经济、社会和环境的综合价值，塑造公司良好形象。

电力营销作为供电企业的核心业务，具有基础性和先导性的重要作用，承担着为社会提供安全可靠的电力供应和服务的基本职责。目前，电力营销工作面临的形势日趋复杂，用户数量日益增长，业务操作日益频繁，工作差错、指标异常等电力营销风险越发突出。由于电力营销安全直接影响供电企业的经营成果，直接关系到供电企业的合法权益，直接决定着供电企业的优质服务形象，所以供电企业必须持续重视电力营销风险防范。

2. 电力营销风险与稽查

电力营销风险是指电力企业在营销过程中，由于电力企业环境复杂性、多变性和不确定性以及电力企业对环境认知能力的局限性使电力企业制订的营销战略和策略与市场发展变化不协调，从而可能导致营销活动受阻、失败，或达不到预期营销目标等风险。

供电企业营销风险的成因和产生的过程有着极其复杂的因素，存在客观性、内部性、关联性、全面性、可管理性。因现阶段供电企业暂未具备系统完善的营销风险基本规律的科学认识，导致营销风险和营销差错屡禁不止。

面对日渐复杂的电力营销风险问题，加强风险管理已是供电企业的首要任务。营销稽查是一种日常的营销风险管理机制，它不仅实现了营销、服务管理过程中控制能力的巨大提升，也在一定程度上避免了常见错误，进一步促进了电力营销、服务管理的规范化与标准化，为企业实现低风险的营销管理提供了方法。

电力营销稽查工作是提高电网企业经营管理水平和经济效益的可靠基石，是保证电力营销工作有序、优质、高效开展的重要抓手，是防范和降低电力营销风险的关键保障。电力营销稽查主要是通过在线稽查、常态稽查、专项稽查对营销及其关联业务工作质量、营销过程中发生的异常现象以及营销管理系统中不符合规范的数据进行监控与稽查。对发现的异常和问题，通过现场核查，确定差错，改进完善，实现客户信息及营销制度不断完善、营销及其关联业务工作不断规范、跨部门配合协同和谐顺畅的目的，实现电力营销风险有效防控的最终目标。

3. 电力营销风险形象化展示

电力营销风险评价方法按性质分可分为定性、定量和两者相结合三种，不同方法各有特点。在同类图书中，《电力营销业务风险评估及管控》一书采用了定性和定量相结合的方法，对业务风险点进行风险后果和风险概率的建模分析及等级评价，最后结合二者得出风险等级结果，构成了《供电企业营销业务稽查风险库》（简称《风险库》）。《风险库》包含了电力营销全专业业务问题及其风险等级结果，详细给出了各个风险问题的问题编码、所属业务环节及问题具体描述等，并把各业务问题的风险等级划分为"极高、高、中等、低、极低"五个层次，分别以"★★★★★、★★★★、★★★、★★、★"来形象化展示。本书将沿用《风险库》中已有的研究成果，对本书中提及的风险问题均列出编号、问题描述及风险等级。风险问题编号共三段五位，第一段（第一位）代表专业，第二段（第二、三位）代表业务环节，第三段（第四、五位）代表业务问题，如"10101"中的第一段"1"代表"业扩报装"专业，第二段"01"代表业扩报装专业中的"业务受理"环节，第三段"01"代表是该环节中的第一个问题。

第二节　电力营销业务典型案例概述

1.　本书电力营销业务典型案例说明

本书典型案例覆盖电力营销业务的七大专业风险防范，具体来说，每个案例的结构包括以下四个部分：

（1）案例简介，交代案例发生的背景；

（2）稽查经过，展示案例稽查的全过程，包括稽查人员从发现问题到揭示问题起因的工作过程、稽查人员使用的稽查工作方法；

（3）问题研判与涉及风险，研究分析案例的问题来源，揭示导致问题发生的关键风险点，对营销工作人员的行为进行评判；

（4）整改与防范措施，针对暴露的问题提出相应的整改措施，依据涉及的关键风险点提出有效的防范手段。

2.　本书电力营销业务典型案例的意义与作用

按照"知法于心，守法于行"的企业法治理念，以及对规范工作要求的日益提高，电力营销稽查的工作任务变得更加繁重，迫切需要适宜的业务培训和参考资料，以方便电力营销人员开展工作。其中，电力营销业务典型案例作为营销稽查人员对电力营销工作质量的深入调查和提炼分析报告，对完善稽查工作体系、提高电力营销管理效率、建立风险防范意识、提升风险防范能力有着积极的意义。

电力营销稽查案例从人员、工具、材料、制度、环境等因素，详细讲述案例的基本情况、稽查过程、案例暴露的问题和原因，以及整改意见与防范措施。电力营销业务典型案例的作用主要体现在以下几点：

（1）作为营销工作人员的指导和参考。通过梳理和建立电力营销稽查典型案例，大量稽查工作中的丰富经验能够被提炼出来，并形成有效的作业规范，对营销工作人员具有深刻的指导作用。案例中蕴含的稽查思路和技巧能提高稽查人员的工作质量和效率，帮助业务人员及时堵塞营销工作漏洞，避免问题的进一步发酵。

（2）有助于完善稽查工作体系。借助典型案例，梳理和整合现有的稽查流程、稽查资源、稽查方法、稽查手段，完善工作标准规范，建立对工作有指引作用的稽查工作参考体系，不但有利于系统分析营销业务上的问题，更有益于电力营销管理效率的提高。

（3）引导全员建立风险防范意识，提升风险防范能力。通过对典型案例的分析，各营销业务单位可参照开展自查自纠，建立起全员参与的风险防范机制，促使营销一线员工积极参与到营销业务风险防范中。案例涉及的关键风险点与营销业务稽查风险库结合，是营销业务人员工作的生动教科书，对从源头上有效防范风险具有积极的意义。

（4）知识共享与传递。通过营销稽查典型案例解释营销规范，并在规章制度与多变的事例之间搭建一座桥梁，清楚揭示制度背后的精神和价值取向，强化营销稽查专业精益化管理基础，促进营销稽查水平提升。

第二章

业 扩 报 装

第一节　业扩报装概念

业扩，又称业务扩充，是指为客户办理新装、增容、变更用电相关业务手续，制订和答复供电方案，对客户受电工程进行设计审核、中间检查和竣工检验，以及签订供用电合同、装表接电并建立客户档案的管理过程。业务扩充主要包括受理新装用电及增容用电。任何单位和个人因用电需要，初次向供电部门申请报装为新装用电；用电单位和个人因增加用电设备向供电部门申请增加用电容量即为增容用电。

第二节　业扩报装业务关键风险点

业扩报装业务风险分布在供电方案、设计审核、中间检查、电子化移交、竣工检验、合同签订、装表接电、资料归档、变更及其他业务、问题整改及反馈等业务环节。其中关键风险点主要集中在供电方案、竣工检验和合同签订 3 个环节，属于高风险的有以下几点：

（1）供电方案内容落实不到位。此风险点容易损害客户利益，导致客户投诉、法律风险、廉洁风险。

（2）现场检查行动落实不到位。此风险点容易导致电费金额差错、竣工检验环节质量不符合要求，容易造成用电纠纷从而产生安全和法律风险。

（3）合同资料信息不完整、不规范。此风险点会引起档案管理不完善；容易引起差错金额、客户投诉、法律风险及廉洁风险。

第三节　业扩报装案例分析

案例 1　供电方案逐级审批导致超时

一、案例简介

某客户申请的业扩新装业务，从受理环节至供电方案审核环节共耗时

19 个工作日，严重超时。经稽查核实，是供电局自行制订多级审批流程导致超时。

二、稽查经过

稽查人员在营销系统稽查流程时发现，某中压客户申请业扩新装，业务受理时间是 2016 年 5 月 24 日，供电方案审核环节的完成时间是 2016 年 6 月 21 日，共耗时 19 个工作日，严重超过《供电企业业扩管理细则》规定的 5 个工作日时限。稽查人员查阅客户的档案资料，发现档案中供电方案审核意见书分别有供电局配电部、计划建设部、营业部及相关部门领导的批复意见。经过现场核实，该供电局为了保证报装质量，自行制订了审批流程导致多级审批而超时的情况发生。

三、问题研判与涉及风险

（1）答复供电方案环节超时，从业务受理环节至供电方案审核环节共耗时 19 个工作日，超过供电企业业扩管理细则规定的 5 个工作日时限要求，供电局工作人员未严格执行相关规定。

（2）实施供电方案逐级审批制度，违反了供电企业业扩管理细则的职责分工规定及业扩专项治理八个规定中："供电方案应遵循岗位责任制原则，杜绝逐级审批"要求。

| 风险点警示 | ★★★ | 10213 | 业务超时或时间记录不一致（供电方案）。 |
| | ★★★ | 11107 | 违规越权处理、审批业务。 |

四、整改与防范措施

（1）严格执行供电企业业扩管理细则的时限规定，自受理客户正式申请用电之日起，中压单电源客户供电方案的答复不超过 5 个工作日，要求相关人员加强学习，提高业务水平。

（2）供电局应组织宣贯，落实执行供电企业业扩治理八个规定，供电方案应遵循岗位责任制原则，杜绝逐级审批。

（3）加强对相关业务人员教育，要求严格按制度和流程办事，贯彻落实业务制度，杜绝类似问题再次发生。

案例 2 业扩配套项目违规收费

一、案例简介

2016 年 8 月 30 日，客户谢某致电反映某供电局工作人员安装电能表时向其收取安装费，客户要求供电局解释费用收取的具体情况。经调查，发现施工单位存在违规收费行为。

二、稽查经过

稽查人员对事件展开调查，2016 年 7 月 19 日，客户谢某通过 95598 热线申请低压用电报装，报装容量为 20 千瓦。8 月 28 日，业扩工程配套项目施工单位装表接电前向客户收取电能表安装费 2300 元。

业扩工程配套项目所有费用由供电局支付，施工单位存在违规收费现象，稽查人员要求该施工单位立即向客户退回收取的费用，供电局及时将结果反馈给客户，取得客户谅解。

三、问题研判与涉及风险

（1）该供电局工作人员未向用户解释业扩工程投资界面和业扩配套工程费用收取标准，营销服务及政策宣传不到位，导致客户对业扩工程投资界面划分模糊不清。

（2）未督促承包商加强从业人员的岗前培训学习，未组织对承包商业扩工程配套项目实施过程进行监管，导致施工单位存在违规收费的操作空间。

风险点警示	★★★　10202　业扩工程投资界面未延伸，或业扩配套项目存在违规收费情况。

四、整改与防范措施

（1）责令该供电局刚性执行业扩报装标准化管理的要求，加强营销业务风险管控，全面落实业扩工程投资界面宣传职责。

（2）加强学习供电企业业扩管理实施细则及相关推进业扩工程投资界面延伸实施方案的文件，提升业务人员对业扩工程投资界面延伸工作及业扩工程配套项目执行方面的业务知识与技能水平。

（3）规范承包商管理，加强业扩工程配套项目现场监管及培训教育，做好业扩工程配套项目的现场管控。

（4）严格落实业扩报装电话回访机制，定期核查客户业扩工程配套项目的实施情况，确保业扩工程投资界面延伸工作及业扩工程配套项目正确执行实施。

案例 3　最大需量执行不成功

一、案例简介

某大工业客户供用电合同的基本电费计算方式与营销管理系统的电费明细表不一致。经调查发现，因业扩人员办理改类业务时计费方式设置错误，导致最大需量执行不成功。

二、稽查经过

2015 年 1 月，稽查人员对用户电费工单进行随机抽样稽查时发现，某用户供用电合同的基本电费计算方式与营销管理系统的电费明细表不一致，合同显示客户基本电费的计费方式为按最大需量计算，但电费明细表显示计费方式为按变压器容量计算。

经核查，客户于 2014 年 10 月办理了改类业务，将基本电费计算方式更换为按最大需量计算。稽查发现该用户办理业务后实际收费方式并没有改变，基本电费仍是按容量方式计算。稽查人员深入检查，发现营销管理信息系统的图形化模型最大需量设置为按变压器容量计算，是业扩人员在改类业务时设置错误。

三、问题研判与涉及风险

（1）供电局业扩人员在办理变更基本电费结算方式业务时，设置基本电费计算方式出现错误，本应选择按最大需量计算，结果选择按容量计算，导致计费系统计算错误。

（2）供电局复核人员工作不到位，没有认真核对发生变更业务用户的基本电费，未能及时发现错误，致使错误电费不断扩大。

（3）客户服务中心核算人员未履行复核职责，对下级单位的复核数据质量没有进行有效的管理和监督。

风险点警示	★★★★★　10210　供电方案缺失或内容不正确，涉及电价、计量、业扩费用、功率因数、产权分界点等关键内容错误，并造成较大及以上营销差错。 ★★★　10205　现场勘查、供电方案流程、审核、签订、告知不规范，或标准化供电方案未执行免审批。

四、整改与防范措施

（1）着力提升业扩人员业务技能，严格按照业务和技术规范作业，增强责任心和执行力，避免类似情况发生。

（2）复核人员应严格按照供电企业抄表管理细则规定，对新装增容、用电变更、电能计量装置参数变化、执行或不执行特殊电价、表计故障等，在业务流程处理完毕后的首次计费月份，应逐户进行核对，保证电费计算正确无误。

（3）要求供电局通报事件，对有关责任人员按营销事故相关规定实施绩效考核，并及时制订防范措施。

案例 4　多收客户临时接电费

一、案例简介

某客户临时接电费收取不正确，电源的接入方式为架空线接入，但按照电缆接入标准收取费用，造成临时用电费用收取错误事件。

二、稽查经过

2016 年 11 月，稽查人员对 2016 年业扩费用收取情况进行稽查时，发现某客户临时用电的临时接电费收取不正确。根据供用电合同内容显示，该客户 2016 年 1 月向供电局申请临时用电，报装容量为 250 千伏·安，供电电源接入方式为架空线接入，稽查人员发现用户业扩费用收费标准与实际不相符。稽查人员查阅营销系统及财务收费系统，对现场进行核实，用户现场供电电源接入方式为架空线接入，但是临时接电费用票据凭证记录，该用户接入点以电缆接入方式标准收费。

稽查人员通过访谈客户，证实该客户收费是以 240 元/（千伏·安）标准缴纳费用，该客户申请临时用电容量为 250 千伏·安，收取费用 60000 元。而根据《转发国家发展改革委关于停止收取供配电贴费有关问题的补充通知》，架空线接入方式收费标准为 160 元/（千伏·安），应收临时接电费 40000 元。经过多方核实，是工作人员在供电方案制定环节填写业扩收费项目和收费标准时出错，审核人员没有及时发现错误，导致多收费用。

三、问题研判与涉及风险

（1）供电方案制订人员工作不负责，现场勘查电源接入方式是架空线接入，但供电方案中收费标准以电缆接入的收费标准收取，导致收费错误。

（2）供电方案审核人员没有严格执行《转发国家发展改革委关于停止收取供配电贴费有关问题的补充通知》文件要求，没有审核发现收费错误，导致多收客户临时接电费。

| 风险点警示 | ★★★★ 10207 未按规定收取或及时清退业扩费用。 |

四、整改与防范措施

（1）根据《转发国家发展改革委关于停止收取供配电贴费有关问题的

《补充通知》文件，将多收临时接电费退回给客户。

（2）要求供电局召开分析会，通报事件并吸取教训，明确岗位职责和质量指标，按供电企业制度进行工作考核。

（3）强化工作责任心和精细化管理，通过业务培训提高工作人员的业务水平，贯彻落实业务制度，杜绝类似情况发生。

案例 5　设计变更没有履行手续

一、案例简介

因施工过程中设计图纸进行了修改，供电局员工未履行变更手续，导致某客户高压配电房设备的竣工图纸电源接入点与现场不相符。

二、稽查经过

稽查人员在稽查某客户高压配电房设备时发现，客户现场电源接入点为××线路 2 号杆，但设计图纸、竣工图纸的电源接入点都是××线路 N2 电缆分接箱，前者接入方式为架空线接入，后者接入方式为电缆分接箱接入，两者接入方式不一致。稽查人员展开调查，客户报装时供电方案电源接入点为××线路 N2 电缆分接箱，但是在施工前，供电局临时通知客户需要进行负荷调整，因此更换了电源接入点改为××线路 2 号杆，双方沟通后重新签订了供电方案，但没有对设计资料履行设计变更手续，导致竣工图纸电源接入点与现场不相符。

三、问题研判与涉及风险

（1）供电局工作人员没有严格执行供电企业业扩管理细则要求："对要求变更的设计资料必须重新履行设计审核手续，经审核同意加盖图纸审核专用章后方可有效"。

（2）工作人员责任心不强，制度贯彻不到位，没有跟进电源接入点变更事宜，导致竣工图纸的电源接入点与现场设备不相符，留下安全隐患。

四、整改与防范措施

（1）要求严格按制度和流程办事，贯彻落实业务制度，严格执行供电企业业扩管理细则，按照设计变更流程重新审核设计图纸，保证设计图纸、竣工图纸与现场设备一致，并更新档案资料。

（2）要求供电局通报事件，对有关责任人员按营销管理规定实施绩效考核，使工作人员有压力、有动力，并及时制订防范措施。

案例 6 住宅小区未执行环网供电方式

一、案例简介

某房地产公司报装小区采用公用变压器供电模式（以下简称"公变"）供电，报装容量为 5000 千伏·安，供电方案采用单电源供电，不符合供电企业业扩管理细则关于统建住宅小区采用环网供电的要求。稽查发现，是业扩勘查人员在制订供电方案时未按要求设置环网供电，导致小区供电方式不符合规定。

二、稽查经过

稽查人员在稽查中发现，某住宅小区的报装时间为 2014 年 3 月，报装容量 5×1000 千伏·安，用电类别为住宅，供电方案采用单电源供电。稽查人员继续查阅设计图纸、供用电合同及营销系统等档案信息，并进行现场核查，发现均为单电源供电，不符合供电企业业扩管理细则规定："统建住宅小区应采用环网供电方式"。

据了解，是业扩勘查人员在制订供电方案时，未按要求设置环网供电；设计图纸审核人员依据供电方案审核图纸，中间检查、竣工检验人员依据设计图纸检验设备，都没有对住宅小区采用单电源供电发起质疑，以致住宅小区供电电源未按规定设置。

三、问题研判与涉及风险

（1）业扩勘查人员对业务标准执行不到位，没有按照供电企业业扩管理细则要求为住宅小区配置环网供电，致使住宅小区供电可靠性不符合标准。

（2）设计审核、中间检查、竣工检验等各个环节的业务人员业务知识欠缺，对审核把关要求不清晰，设计图纸、现场设备不符合中国供电企业10千伏及以下业扩受电工程典型设计及供电企业业扩管理细则的相关要求，没有对供电方案发起质疑，致使错误没有及时纠正。

（3）审核机制不完善，审核过程流于形式，没有及时发现问题。

风险点警示	★★★★★　10210　供电方案缺失或内容不正确，涉及电价、计量、业扩费用、功率因数、产权分界点等关键内容错误，并造成较大及以上营销差错。

四、整改与防范措施

（1）严格按照供电企业业扩管理细则要求为住宅小区配置环网供电，保证住宅小区供电可靠性符合标准。供电局应根据实际情况，调整负荷，将目前供电线路与另一线路连成环网线路，保证小区符合环网供电要求。

（2）要求供电局认真分析案例，对有关责任人员按营销事故相关规定实施绩效考核，使工作人员有压力、有动力，并及时制订防范措施。

（3）提升业扩人员业务技能，严格按照业务和技术规范作业，增强责任心和执行力，避免类似情况发生。

案例 7　未收高可靠性费用

一、案例简介

某客户供用电合同显示为单电源供电，但是现场检查核实用户为双电源供电，通过查阅用户业扩报装资料，发现用户未缴纳高可靠性供电费用，属于不规范用电行为。

二、稽查经过

2013 年 11 月 23 日，稽查人员根据年度工作计划抽取大工业客户进行高可靠性费用稽查。在现场检查时发现某客户设置双电源供电，与供用电合同记录的单电源供电方式不相符。稽查发现，客户在 2011 年 1 月报装单电源用电，报装容量为 1200 千伏·安，用电类别为大工业。由于错峰原因影响正常生产，客户在没有正式办理高可靠性供电业务的情况下，通过朋友关系向供电局生产部门提交双电源用电申请，于 2011 年 12 月安装第二路电源进线并送电。至检查当日，供电部门向该用户提供双电源供电服务，但是客户未正式办理高可靠性供电业务手续，也未向供电部门交纳高可靠性供电费用。

三、问题研判与涉及风险

（1）供电局没有严格按照业扩流程办理业务，以致由生产部门直接受理客户第二路电源申请业务，并送电，在客户未办理高可靠性供电业务情况下，构成事实高可靠性供电，违反《转发国家发展改革委关于停止收取供配电贴费有关问题的补充通知》相关规定。

（2）供电局用电检查人员日常工作检查不到位，没有发现客户供电方式异常，没有发现客户新增电源进线。

风险点警示	★★★★ 10207 未按规定收取或及时清退业扩费用。

四、整改与防范措施

（1）客户受电工程严格推行"一口受理"规定。提高制度执行力，要求严格按制度和流程办事，贯彻落实业务制度，杜绝类似问题再次发生。

（2）要求客户重新申请办理高可靠性供电业务，按照《转发国家发展改革委关于停止收取供配电贴费有关问题的补充通知》要求补交高可靠性供电费用。

（3）各供电局加强高可靠性供电客户档案管理，完善客户基础资料和系统信息，强化用电检查工作。

（4）加强对关键岗位人员廉洁教育，严格执行工作标准和考核制度，避免由于个人违规行为造成企业形象受损。

案例 8　少收高可靠性费用

一、案例简介

某高可靠性供电客户两路电源的接入方式为电缆分接箱接入，但收费却按照架空线接入标准。经稽查核实，是工作人员在供电方案制订环节填写收费标准时出错，导致少收客户高可靠性供电费用。

二、稽查经过

2013 年 1 月 10 日，稽查人员稽查时发现某双电源客户的高可靠性供电费用收取不正确。该客户于 2012 年 4 月向供电局申请 4000 千伏·安容量的高可靠性供电，供电方案记录两路电源接入方式都是电缆分接箱接入，收费记录显示是以架空线接入方式标准收费。现场稽查发现接入方式为电缆分接箱接入。根据《转发国家发展改革委关于停止收取供配电贴费有关问题的补充通知》要求，以电缆接入方式收费标准为 240 元/（千伏·安），应收高可靠性供电费用 960000 元，已收费用 640000 元，少收费用 320000元。经过多方核实，工作人员在供电方案制订环节填写收费标准时出错，审核人员没有及时发现错误，导致少收费用。

三、问题研判与涉及风险

（1）供电方案制订人员对业务标准执行不到位，现场勘查电源接入方式是电缆分接箱接入，但供电方案中收费标准以架空线接入的收费标准收取，导致计费错误。

（2）供电方案审核人员没有严格履行岗位职责，没有严格执行《转发国家发展改革委关于停止收取供配电贴费有关问题的补充通知》，没有及时发现收费错误，导致少收客户高可靠性供电费用。

风险点
警示 | ★★★★ 10207 未按规定收取或及时清退业扩费用。

四、整改与防范措施

（1）根据《转发国家发展改革委关于停止收取供配电贴费有关问题的补充通知》，对客户追补高可靠性供电费用。

（2）要求供电局开展专项检查工作，加强检查力度，全部检查到位，不留死角，杜绝类似情况发生。

（3）加强业务人员培训，增强业务工作水平，组织员工认真学习案例，做到举一反三，吸取教训，避免类似情况发生。

案例 9 　拆分容量报装

一、案例简介

某供电局受理两份低压临时施工用电申请，报装客户名称相同，且申报时间相近，用电地址相同，报装容量均为 90 千瓦。稽查发现客户采用拆分容量方法进行报装，属于违规行为。

二、稽查经过

稽查人员在业扩专项治理稽查中发现，某用户在 2014 年 3 月 17 日和 3 月 19 日使用同一用电地址向供电局发起两次业扩报装申请。稽查人员查阅客户的档案资料，包括业务受理表、现场勘查表、送电验收记录及供用电合同等，发现两份报装申请的客户名称、用电地址、客户身份证明材料、用电类别等资料完全一致，并经现场核实，两份报装申请是同一用电地址，用电主体是同一个工地。

调查结果表明，客户为了规避安装专用变压器的费用投资，采取拆分容量报装。根据供电企业业扩管理细则规定，客户用电容量在 100 千伏·安（含）至 8000 千伏·安（不含）的，应采用 10 千伏公用线路专用变压器供电模式（俗称"专变"）供电。这两份报装为同一用电主体，实际报装容量达 180 千伏·安，按规定应采用专用变压器供电模式供电。客户采用拆分容量方式报装用电的违规行为，造成公共资源被占用的不良后果。

三、问题研判与涉及风险

（1）在现场勘查、供电方案制订装表接电等多环节，对于两份报装客户名称、用电地址、用电类别、电源接入点相同的情况，工作人员都没有提出异议，对有关工作规定视而不见，暴露出自上而下工作不负责的管理问题。

（2）客户采用拆分容量方式报装用电的违规行为，违反供电企业业扩管理实施细则规定"客户用电容量在 100 千伏·安（含）至 8000 千伏·安（不含）的，应采用 10 千伏公用线路专用变压器供电模式供电"，造成公共资源被占用的不良后果。

风险点警示	★★★★★ 10210 供电方案缺失或内容不正确，涉及电价、计量、业扩费用、功率因数、产权分界点等关键内容错误，并造成较大及以上营销差错。 ★★ 10106 业务办理不规范，没有按业务种类正确使用相应业务流程。

四、整改与防范措施

（1）要求供电局召开事故分析会，通报事件并吸取教训，同时根据分工的不同，明确岗位职责和考核指标，杜绝违章行为。

（2）提升业扩人员业务技能，严格按照业务和技术规范作业，增强责任心和执行力，避免类似情况发生。

（3）供电局向客户发出用电检查整改通知书，要求客户进行整改：若客户的实际用电需求超过 100 千瓦，要求客户由 10 千伏专用变压器供电模式供电；若客户的实际用电需求不超过 100 千瓦，要求客户将其中一个临时用电进行销户，确保其符合低压供电的要求。

案例 10　体外循环

一、案例简介

某客户报装容量为 3×1250 千伏·安，从正式受理时间至送电完成时间用时 7 个工作日，办理时限不符合逻辑，稽查发现存在业务办理体外循环现象。

二、稽查经过

稽查人员检查营销信息管理系统档案时发现，某客户报装容量为 3×1250 千伏·安，正式受理时间为 2014 年 1 月 13 日，送电完成时间为 2014 年 1 月 21 日，用时约 7 个工作日。对于 3×1250 千伏·安的业扩工程，包括供电方案、设计图纸、工程施工、试验及验收等工作，仅用 7 个工作日就完成全部工作流程，与常规不相符。

稽查人员查阅各个环节业务表单，发现业务表单的签署时间与营销信息系统记录时间相符。稽查人员走访客户调查清楚实际情况，客户在 2013 年 12 月初申请用电，通过供电局内部关系进行离线作业，完成现场勘查、图纸审核、中间检查、竣工检验等工作流程，在送电前按照供电部门指定时间签署各环节业务表单。

"体外循环"是指离线受理、离线进行业扩业务运作的行为。稽查人员与供电局业务人员核实离线作业情况，相关人员承认"体外循环"事实。

三、问题研判与涉及风险

（1）供电局违反供电企业业扩治理八个规定要求，在受理客户用电报装资料时没有立即录入营销系统，而是在客户业扩工程基本完成后，才启动营销系统流程，暴露出"不走流程、不入系统、体外循环"的违规行为。

（2）供电局营销线人员未能严格执行业务规范，离线进行业扩业务运作，作业表单流于形式，暴露出供电局集体违章的内部管理问题。

风险点警示 ★★★★ 10108 报装受理环节故意"不走流程、不入系统、体外循环"的行为。

四、整改与防范措施

（1）严格执行业扩治理八个规定，客户报装即录入系统，资料不齐应一次性告知客户；每次办理业务须向客户提供正式受理回执，杜绝体外循环现象。

（2）推行业扩在线受理，从源头预防体外循环。利用 95598 呼叫中心电话、网上营业厅和微信服务平台，推广远程服务渠道，实现客服人员对远程报装需求的统一受理和管控。

（3）加强对供电局营销线监督，完善管理机制，防范此类事件的再次发生；加强思想教育，严格遵守供电企业制度，严禁"吃拿卡要"不正之风。

案例 11 业扩工程现场设备与设计图样不符

一、案例简介

某公司报装容量为 1×400 千伏·安，客户工程变压器低压侧总开关型号及额定电流与竣工图纸不符。经调查核实，是竣工验收人员验收时未发现竣工图纸与现场设备差异，导致客户工程存在现场设备与竣工图纸不相符情况。

二、稽查经过

稽查人员根据年度工作计划对某供电局开展业扩专项治理稽查工作，现场稽查发现客户工程现场设备与竣工图纸不相符。竣工图纸显示变压器低压侧总开关为智能型开关，额定电流 $I_n=1000$ 安。现场检查发现低压侧总开关为普通型万能式开关（DW17 型），额定电流 $I_n = 800$ 安。

经调查，是施工单位因为缺货没有按照设计图中要求的型号采购低压侧总开关，竣工验收人员验收时未发现竣工图纸与现场设备差异，导致现场变压器低压侧总开关型号及额定电流与竣工图纸不符。

三、问题研判与涉及风险

（1）业扩工程管理不到位。供电局对参与工程竣工检验人员未做好监督管理、责任到人，监督责任落实不到位。

（2）工程检验人员业务技能有待提高。部分工作人员业务技能欠缺，在参与检验工作时未能发现问题，导致存在安全隐患的业扩工程"带病"入网运行。

（3）工程检验人员责任心不强、工作态度不严谨。部分工程检验人员未严格按照网、省有关电力客户受电工程验收规范要求开展工作。

> **风险点警示**
>
> ★★★　10607　工程查验质量不符合要求。
>
> ★★　10606　现场高压接线、高压柜、联锁等相关设备与竣工图纸不相符。

四、整改与防范措施

（1）根据营销业务工作质量考核实施细则考核相关责任人，制订完善的监督和管理机制，防范此类事件的再次发生。

（2）加大业扩工程检验人员培训力度。对供电企业业扩管理细则及供电企业 10 千伏及以下电力客户受电工程中间检查和竣工检验工作规范（试行）开展学习，要求业扩工程检验人员熟练掌握相关业扩工程验收规范和要求。

（3）加强对业扩工程验收管理的监督。严格按业扩管理规定做好用户受电工程的全过程监督工作，重点加强对业扩流程关键环节的把关，对中间查验和竣工验收等工作严把质量。

第三章

电 能 计 量

第一节　电能计量概念

电能计量是电力生产、营销以及电网安全运行的重要环节，电能计量业务是电力营销工作的基本业务，供电企业制定了相关的规章制度，保证了电能计量量值准确、统一和计量装置运行的安全、可靠，规范了电能计量业务的操作和管理，提高工作质量，为供电企业经营决策提供准确的电能量数据支撑。电能计量的技术水平和管理水平，不仅影响电能量结算的准确性和公正性，而且事关电力工业的发展，涉及国家电力企业和广大电力客户的合法权益。

第二节　电能计量业务关键风险点

电能计量业务风险分布在计量资产管理、计量质量检测管理、计量封印管理、计量运行管理、计量装置装拆管理、计量装置系统录入管理、电能计量装置故障处理、计量自动化系统管理、问题整改及反馈等业务环节，其中关键风险点主要集中在计量质量检测管理、计量封印管理、计量运行管理和电能计量装置故障处理管理 4 个环节，属于高风险的有以下几点：

（1）从事检定、校准工作的人员资质管理不规范。检定、校准工作人员未掌握最新行业规定、规程、规范，影响计量装置检测准确度。

（2）未按规定加封计量封印。存在安全隐患和窃电漏洞，将产生安全风险和电费回收风险。

（3）未按规范正确配置或安装计量装置。无法保障电能量值的准确统一和计量装置的安全可靠，不满足计算电力系统经济技术指标的需要，影响计费正确性，易引起客户诉求和用电纠纷，将产生电费回收风险、安全风险及法律风险。

（4）未及时发现、处理计量故障、差错。将影响计费，增加追补难度，易引起客户诉求或用电纠纷，产生电费回收、法律风险。

（5）计量装置故障追退补电量计算不正确，计算依据不充分，记录不完整。易引起客户诉求或用电纠纷，将产生电费回收、法律风险。

第三节　电能计量案例分析

案例 1　电能表时钟异常，引起电量结算错误

一、案例简介

某大工业客户合同容量 315 千伏·安，实行分时段计费。该用户自 2014 年 10 月开始，谷时段电量均超过峰、平时段的电量。经现场调查发现因电能表时钟异常，造成客户峰、平、谷电量差错，导致电量电费计算错误。

二、稽查经过

稽查人员发现某大工业客户，合同容量 315 千伏·安，执行峰谷电价，但该客户 201410 期结算清单，谷时段的用电量是峰时段、平时段用电量的一倍。稽查人员初步怀疑客户存在违约用电行为，立即组织用电检查人员展开调查。

稽查人员向客户了解近期的生产情况，该公司执行日班制生产，今年无特殊停产情况。经检查现场计量表箱封印完整，稽查人员对 10 月 1 日电能表表码进行核对，与抄录员记录表码一致，排除了窃电及抄表错误行为。在查看电能表时，稽查人员发现电能表显示的时间与实际时间相比慢行了 7 个多小时，经过核查判断，该用户因电能表始终异常导致分时电费计收错误。

稽查人员通过整理、分析用户档案及原始负荷表码，了解了用户的实际用电情况，客户报装日期为 2013 年 5 月 26 日，从 2014 年 4 月 8 日起，峰谷时段出现错乱，主要表现为峰时段期间，客户的用电量执行了谷时段电价，导致客户分时段计费错误。

三、问题研判与涉及风险

（1）数据分析人员未严格执行制度要求，未及时发现时钟异常情况。

（2）用电检查人员周期检查不到位，没有发现异常情况。

（3）抄表人员未履行岗位职责，抄表过程中没有核对表计时钟，对于客户用电量的变化不加以分析。

（4）电费复核人员对峰平谷电量波动异常情况没有分析，未发现客户电费突变的情况。

四、整改与防范措施

（1）严格执行供电企业计量自动化系统运行管理办法，应安排专人定期对计量自动化系统开展电能量数据与计量装置在线监测工作，及时发现数据与装置异常，加强计量管理。

（2）严格按照供电企业电能计量装置运行管理实施细则的要求："测量实际负荷下电能表的误差，检查电能表功能项目，如时钟、时段设置等内容"执行，电能表现场校验工作要检查时钟情况，及时发现电能表时钟异常情况并通知相关部门处理。

（3）严格按照供电企业电能计量装置运行管理实施细则的规定："抄表人员和用电检查人员结合日常工作开展对计量装置的巡视，及时发现电能计量装置缺陷"执行，抄表人员、用电检查人员应明确工作职责，尤其对执行峰谷电价的客户，认真核对峰谷时段，准确抄录各时段电量，并核对各时段表计数据的合理性。

（4）电费复核人员要加强数据的分析工作，认真分析电费数据的合理性，对有疑问的数据，要认真分析问题的成因，形成工单及时处理。

案例 2　更换计量装置后未及时变更档案

一、案例简介

某路灯客户在 2013 年 4 月抄表电量发生突变，与前几个月相比月电量降为 0 千瓦。经稽查人员调查，由于现场更换计量装置后，没有及时在营销管理系统办理电能表变更流程，导致电费未及时回收。

二、稽查经过

稽查人员在计量装置工作质量专项稽查中发现，某路灯客户在 2013 年 4 月抄表电量发生突变。经调查，该客户在 2013 年 3 月 5 日办理了更换计量装置业务，工单于 4 月 7 日归档。由于工单流转时间长达一个月，引起了稽查人员的注意，该工单滞留在装拆录入环节长达 20 多天，而根据装拆工作单记录显示，电能表的实际更换日期为 3 月 6 日。

稽查人员向工单发起人进行了解，工单负责人表示，3 月 4 日计量班收到抄表人员反映客户电能表有烧灼的迹象，计量人员在 3 月 6 日前往现场更换电能表。由于无法联系到客户，对电能表表码拍照取证后，在客户未签名的情况下更换了电能表。

计量人员把工作单放置在计量班组，初步设想待客户确认签名后再将表单内容录入系统，因工作人员 20 多天后才联系客户，导致 3 月 6 日至 4 月 7 日系统记录的电能表资料为换表前的旧档案，造成系统无法对用户新电能表进行计费，导致 4 月份不能正常抄表，影响客户电费回收情况。

三、问题研判与涉及风险

（1）计量人员在更换计量装置时，未提前与客户联系预约更换时间，导致计量装置装拆工作单没有客户签名。

（2）计量人员更换电能表后因工作单没有及时录入系统，导致电能表档案不正确不能正常抄表。

（3）抄表人员在抄表周期时不能正常抄表，系统 4 月 8 日电能表档案更新后，没有对该户进行数据补抄和补录工作。

（4）电费复核人员对用电量异常的客户没有引起重视，没有对零度电量异常的原因进行分析，导致该户 4 月份无电量电费产生。

风险点警示	★★★★★　20606　在完成安装任务后未及时将《计量装置装拆工作单》录入营销管理系统。

★★★ 20510《计量装置装拆工作单》实体版装拆日期、用电客户未签名确认。

★★ 30401 未进行异常电量、电费数据核对。

★ 30410 对新装增容、用电变更、电能计量装置参数变化、执行或不执行特殊电价、表计故障等，在业务流程处理完毕后的首次计费月份，未逐户进行核对。

四、整改与防范措施

（1）严格执行供电企业电能计量装置运行管理实施细则的规定："低压用电客户批量换表业务，必须提前告知客户，填写《××电能计量装置装拆单》并与客户进行变更前后表码等换表信息确认。如客户不能现场确认，必须进行现场拍照存档备查，并将换表信息告知客户"的规定。计量人员在换表时如果无法联系到客户，可以尝试联系第三方在场对更换过程见证，并对新旧电能表起止数据进行拍摄作为记录凭证。

（2）严格按照供电企业电能计量设备管理实施细则规定："电能计量设备完成安装后应在营销管理系统录入安装记录。零散的在 2 个工作日完成录入，批量安装的在 4 个工作日内完成录入"，保证电量电费结算数据的及时、准确。

（3）抄表人员要加强抄表管理，发现现场电能表信息与系统电能表记录的信息不符时，应及时发出异常工单，并对电量数据进行补抄。

（4）电费复核人员要加强复核的责任心，加强数据分析，对零度电量的客户，要及时分析原因做好记录，将异常情况及时反馈相关人员。

案例 3 电流互感器倍率错误

一、案例简介

某低压供电客户，2016 年 7 月计量装置烧坏，装表人员对该户计量装置进行重新安装，更换计量装置后用电量明显减少，调查发现因现场电流互感器的变比信息与营销管理系统录入档案不一致，造成电量突变。

二、稽查经过

2016 年 11 月，稽查人员查阅某低压供电客户用电量，发现 7 月更换计量装置后客户的用电量明显减少，稽查人员对装拆工作单信息与系统档案进行核对，未发现错误，稽查人员初步怀疑客户存在违约用电行为，立即组织用电检查人员展开调查。

根据客户反映，6 月份、7 月份店铺正常经营。稽查人员查验了客户的电能表读数及计量表箱的封印加封情况，排除了抄表错误和窃电的情况。稽查人员对现场电能表及电流互感器等设备接线情况作进一步检查，检查结果显示现场互感器接线正确，但是现场安装的电流互感器变比为 300/5，与计量装置装拆表单记录的 150/5 变比信息不一致。

稽查人员再次核对该户档案资料并查看客户往期的抄表结算清单，该户报装时的电流互感器变比为 150/5，装表人员在更换过程中，没有核对工作单上的电流互感器铭牌，将现场电流互感器变比安装成 300/5。由于现场倍率错误造成该客户计费档案错误，致使电量少计 50%。

三、问题研判与涉及风险

（1）装表人员在计量装置装接前，应按照工作程序先将电流互感器和工作传单进行核对，根据工作传单上注明的变比，对应电流互感器的铭牌说明进行装接。

（2）计量装置更换前后，装表人员必须对计量装置进行一、二次电流测试比对。

（3）装表班班长在工作派工时，应向装表人员交代工作内容，特别是涉及互感器变比等关键信息。

（4）抄表员在现场抄表时没有结合电量情况核对现场计量倍率。

（5）电费复核员没有对用电量异常波动的客户进行认真复核，致使客户计费倍率错误而一直没有被发现。

> ★★★★ 20507 《计量装置装拆工作单》实体版记录的 TA、TV 变比错误或计费倍率与现场不符。
>
> ★★★★ 20603 营销管理系统计量信息与现场实际设备信息不一致（如计量方式、计量资产编号、计量表码等关键信息）。
>
> ★★★★ 30905 存在其他违反抄核收管理要求行为。
>
> ★★ 30401 未进行异常电量、电费数据核对。
>
> ★★ 20601 录入营销管理系统计量信息与《计量装置装拆工作单》实体版内容不符（如工作人员、工作日期等非关键信息）。

四、整改与防范措施

（1）严格按照供电企业电能计量装置运行管理实施细则的规定"应严格倍率管理，做到台账与现场实物相符"要求。对因计量倍率所造成电量损失，尽快约请客户进行洽谈追补电量，及时挽回经济损失。对本次事故做好记录，举一反三，对员工进行营销工作错误分析和教育。

（2）严格按照供电企业抄表管理细则规定："认真核对客户用电地址、表号、倍率等档案记录"要求，规范抄表人员的工作职责。

（3）严格规范电费核算人员的工作职责。每月在发行电量前，必须将电量有异常的客户名单交抄表员现场核实；对于抄表员未错抄，而电量波动大的客户，交用电检查员进行检查，及时进行查处。

案例 4 供电人员擅自更换计量装置，客户拒绝缴费

一、案例简介

某住宅用户的电能表出现老化现象，供电人员于 2014 年 7 月 8 日对该电能表进行轮换，由于计量人员在客户未知情的情况下擅自更换电能表，并且没有第三方见证和拍摄电能表起始数据记录，客户以此为由拒绝缴费。

二、稽查经过

经调查，2014 年 7 月，供电局对某区域的电能表进行轮换，在轮换工作正式开展前，供电人员在小区公告栏张贴了更换计量装置的计划安排表。轮换工作当天，计量人员对李某家电能表更换时，由于无法联系屋主，在客户不在现场的情况下更换了电能表，并根据要求将新旧电能表的表码数据记录在《更换计量装置工作单》。

抄表人员在 2014 年 8 月进行电费收费时，向李某告知更换了新的电能表。李某得知后，对供电人员擅自更换计量装置的行为提出异议，由于《更换计量装置工作单》未经李某本人签名确认，并且计量人员无法提供新电能表读数的相关凭证，李某对于新电能表的起始表码数据不予认可，以此为由拒交电费。

经过供电人员多次上门解释，最终获得客户谅解，收取李某 2014 年 8 月份的电费。

三、问题研判与涉及风险

（1）计量人员在更换计量装置时，没有联系物业公司负责人或者第三方在场对更换过程进行见证签字确认，是导致事件发生的主要原因。

（2）计量人员在更换计量装置过程中，既没有第三方在场见证，又没有拍摄新旧电能表起止数据作为记录凭证，致使客户以此为由拒交电费。

风险点警示	★★★　20510《计量装置装拆工作单》实体版装拆日期、用电客户未签名确认。 ★★★　20413　作业人员未应用数码照相机拍摄电能计量器具铭牌资料、电能表起始读数（止码）、电能计量装置加封情况等信息存档备查。

四、整改与防范措施

（1）供电局在更换计量装置前，应按照计划停电的要求提前通知客户，通知书中必须明确相关更换内容和要求。

（2）供电局计量人员换表时应与客户取得联系，为客户更换新的电能表时，应要求客户在供电局的工作凭证上签名确认原表计读数及新表的起始读数，作为计算电量电费的依据。

（3）根据供电企业电能计量装置运行管理实施细则的规定："低压用电客户批量换表业务，必须提前告知客户，填写《××电能计量装置装拆单》并与客户进行变更前后表码等换表信息确认。如客户不能现场确认，必须进行现场拍照存档备查，并将换表信息告知客户"。计量人员在换表时如果无法联系到客户，可以尝试联系第三方在场对更换过程见证，并对新旧电能表起止数据进行拍摄作为记录凭证。

案例 5　计量装置接线错误稽查

一、案例简介

某普通工业客户，在 2011 年 4 月后用电量与前几个月相比电量明显减少。经检查现场由于负控终端接线错误，导致累积损失电量 196160 千瓦·时。

二、稽查经过

2011 年 12 月 26 日，稽查人员通过营销管理系统对专用变压器供电模式客户进行电量分析，重点排查电量波动异常的客户，发现某户从 2011 年 4 月用电量明显减少，稽查人员初步判断该用户存在计量装置故障或违约窃电行为。稽查人员立即组织用电检查人员对该客户进行用电检查工作。

经调查，某普通工业客户，安装一台 250 千伏·安的变压器，采用高供低计计量方式，于 2005 年 1 月 6 日投入运行。为了实现专用变压器供电模式用户远程抄表的方式，供电人员于 2011 年 3 月 6 日对客户加装了负控终端装置。

根据现场检查，客户计量表箱封印完整，排除窃电的行为。稽查人员重点检查计量装置的接线情况，发现负控终端的电流回路与计费电能表的电流回路形成并接，导致计费电能表电流回路分流，造成电能计量失准。通过查阅计量自动化系统及其他相关电量负荷材料，稽查人员估算累积电量损失达到196160千瓦·时。

三、问题研判与涉及风险

（1）装表人员未严格执行岗位职责，安装计量装置后未进行一、二次电流测试比对，导致没有及时发现接线错误。

（2）电费复核人员对电量异常客户复核不到位，尤其是新更换计量装置的电量异常客户，未认真分析原因，也未向抄表员询问情况，导致通过分析发现的疑问未发现，使故障延续存在。

风险点警示	★★★★★　20403　电能计量装置接线错误、不准，分时计量错误。 ★★　30401　未进行异常电量、电费数据核对。

四、整改与防范措施

（1）计量装置的安装必须严格按照《电能计量装置安装接线规则》规范作业，确保准确计量，减少计量差错，减少因计量失准引发的供用电纠纷。

（2）装表人员应加强各类计量装置的技术培训，严格按照接线图进行接线，按要求做好计量装置带负荷测试，计量装置运行正常后应对容易进行窃电的位置进行加封。

（3）加强电费复核人员的责任心，强化抄表数据分析能力，对电量异常波动的客户，及时分析原因做好记录，发现抄表数据有疑问时立即通知现场运维人员。

案例 6　计量装置故障未作追补

一、案例简介

某供电局计量人员于 2012 年 1 月 9 日作电能表故障更换处理工作，故障处理后未对电能表停行期间的电量进行追补，最终导致少收电量 904.79 千瓦·时。

二、稽查经过

2012 年 3 月，营销稽查人员对第一季度计量装置故障处理工作开展专项稽查，发现某住宅客户在 1 月 9 日进行计量装置故障更换，工作单记录故障原因为"烧表"，稽查人员在翻阅工单中发现，该客户故障处理后未进行任何的电量追补。客户为双月抄表，根据抄表记录显示，2011 年 10 月及 2011 年 12 月两期的抄表记录均为零，故障处理后客户用电量恢复正常，稽查人员初步判断该用户 10 月份与 12 月份两期电量存在异常。

稽查人员协同用电检查人员展开调查,现场住宅为一栋 3 层的居民楼,据周边居民反映，该住宅 2011 年全年都有人居住，客户本人表示 2011 年一直都有用电。根据调查获取的信息，稽查人员判断该客户在故障期间仍有用电，计量人员未对故障期间损失电量进行追补，造成电费损失。在调查核实情况后，稽查人员责令该供电局人员对其进行电量追补，及时与客户沟通做好解释工作。

三、问题研判与涉及风险

（1）计量人员未履行岗位职责，计量装置故障处理后没有调查核实情况，导致未对损失电量进行追补。

（2）抄表人员未重视"零电量"用户，客户两期电量为零没有核实客户用电情况，导致故障异常未能及时发现。

（3）电费复核人员对于零度电量异常的用户未下发抄表员现场核对，导致未发现该户 2011 年 10 月、12 月两期电量异常。

风险点警示	★★★★ 20703 现场处理计量故障、差错情况后，未及时在营销系统发起追（退）补电量工作流程单。
	★★ 30401 未进行异常电量、电费数据核对。
	★ 30304 未及时核对未抄表用户。

四、整改与防范措施

（1）严格按照《供电营业规则》第八十条的规定"其他非人为原因致使计量记录不准时，以用户正常月份的用电量为基准，退补电量，退补时间按抄表记录确定"执行。

（2）规范明确各单位抄表人员的工作职责，对零度用电量客户要根据实际用电情况展开分析。

（3）规范各单位电费复核人员的岗位职责，强化抄表数据分析能力，对电量异常波动的客户，及时分析原因做好记录，发现抄表数据有疑问时立即通知现场运行维护人员。

案例 7　计量装置配置不准确

一、案例简介

某大工业客户，10 千伏公用线路供电，三相三线高压计量，用电容量为 2500 千伏·安，现场电能表的准确度等级为 1.0 级，根据《电能计量装置技术管理规程》，该客户的电能表准确等级不符合技术管理规程的要求。

二、稽查经过

2015 年 3 月，稽查人员开展计量管理专项稽查工作，稽查发现某大工业客户，在 2014 年 10 月由于扩大生产申请增容业务，增容后合同容量为 2500 千伏·安，电流互感器由原来变比 75/5 安，更换为变比 150/5 安，采用总进线计量方式，计量装置分类由原先的Ⅲ类用户变更为Ⅱ类用户。稽查人员发现增容工单中记录该户更换后的电能表为三相三线多功能电子式，准确度等级 1.0 级，根据《电能计量装置技术管理规程》的要求，Ⅱ类用户应配置 0.5S 级的电能表。

经过人员询问及现场稽查后，得知供电局的计量人员办理增容后未更换电能表类型，导致电能表准确度等级达不到技术管理规程的要求。计量装置配置等级低于要求，容易影响贸易结算的准确性和公正性，该供电局计量人员根据稽查结果立即开展整改工作。

三、问题研判与涉及风险

（1）计量装置设计人员未按技术管理规程的要求对计量装置进行配置。

（2）计量审核人员审核流程形式化，未发现计量装置配置存在错误。

（3）计量配表人员对计量装置设计方案没有提出质疑，缺乏计量装置准确度配置相关专业知识的了解。

（4）计量装置验收人员未严格落实验收工作，导致配置等级达不到要求的电能表通过验收。

风险点 警示	★★★　20401　未严格按照典设及其他相关技术规范进行配置装置。 ★★　20418　计量装置未进行现场检验工作。

四、整改与防范措施

（1）要求各单位严格执行供电企业 10 千伏用电客户电能计量装置典型设计、业扩管理实施细则及电能计量装置技术管理规程的相关要求，进一步规范计量装置的配置工作。

（2）加强电能计量装置在投运前的验收工作，建立全过程跟踪监督制度，确保计量装置的配置及接线正确，保障供电企业与客户双方利益不受损害。

（3）加强制度宣贯工作，组织相关人员学习业务知识、严格执行有关规定，防止类似情况的再次发生。

案例 8　未及时发现计量装置故障，累积少计电量较大

一、案例简介

某非工业客户，总容量 1345 千伏·安，在高压侧总进线计量计费，计量自动化系统显示 2013 年 7 月 28 日和 29 日连续三次 C 相电压失压报警，

截至营销稽查人员调查当日，计量人员仍未对其查看处理。

二、稽查经过

2013年10月27日稽查人员通过计量自动化系统发现某非工业客户在2013年7月28日和29日连续三次C相电压失压报警，计量人员未引起足够重视，没有对其进行调查。稽查人员根据报警信息，查询了用户近期的电量情况，发现自2013年8月起，客户的用电量明显减少。根据负荷原始数据记录，从7月19日起，电能表C相电压只有46伏，稽查人员初步判断为计量装置故障或窃电所引起。

稽查人员协同用电检查人员对该户进行现场检查，发现客户的计量表箱和电能表封印均无异常，排除窃电嫌疑。根据现场电能表显示屏提示，电能表C相失压，用电检查员打开接线盒，发现C相电压线烧断，因此造成用户用电量减少的情况。由于客户总计量容量较大，导致三个月累积电量达到365200千瓦·时。

三、问题研判与涉及风险

（1）计量人员对计量自动化系统异常报警监控不到位，系统连续三次C相电压缺相报警均未发现，错失及早处理故障的良机，是造成少计电量逐步积累，事故扩大的主要原因。

（2）抄表人员工作落实不到位，电能表显示屏提示C相失压，未对此提出异议，没有及时通知相关人员现场处理。

（3）电费复核人员对用电量异常的客户没有引起足够重视，没有对零度电量异常的原因进行认真分析。

风险点警示	★★★　20804　异常报警处理不及时或未闭环管理。
	★★　30401　未进行异常电量、电费数据核对。
	★　30314　发现计量装置运行异常，未及时启动工作单通知计量班组处理。

四、整改与防范措施

（1）严格落实计量自动化系统监控机制，安排专人负责系统终端报警查询模块，发现异常时及时通知人员现场检查。

（2）严格执行供电企业电能计量装置运行管理实施细则："运行管理部门应利用计量自动化系统开展计量装置日常状态在线监测，及时发现计量装置异常"。

（3）抄表人员应严格落实抄表工作，加强现场抄表管理，发现计量装置异常运行情况，应及时通知计量人员处理，将故障消灭在萌芽状态。

（4）电费复核人员应加强抄表数据分析，对电量波动异常的用户应及时分析原因，做好相关记录；对于抄表数据有疑问者，及时通知相关人员现场检查。

案例 9 计费表误差超出允许范围，退补电量计算错误

一、案例简介

某低压居民用户，2015 年 8 月申请检验计量电能表，经过检定结论判定为不合格，营销稽查人员发现供电人员在编制电量退补方案时，未按照《供电营业规则》的规定进行电量退补，导致多退用户电量电费。

二、稽查经过

2016 年 1 月，稽查人员对 2015 年的计量故障电量退补工作单进行常态稽查工作，发现某低压居民用户在 2015 年 8 月怀疑电能表表码快行，向供电局申请电能表检定。计量中心室内检定人员的检定后出具了《计量检定结果通知书》，检定结果表明该电能表不合格。根据检定通知书得知，电能表基本误差达到±17%，超出规定范围内的误差±2.0%。

稽查人员查阅用户《退补电量电费申请表》记录，了解到追补方案中记录：客户于 2014 年 6 月报装，安装时表码为 0.76，检定前电能表止码为 37664.21，按照相关规程要求，退补时间从上次校验或换装后投入之日算起，电能表的基本误差＋17%，退补电量计量公式：（37664.21－0.76）÷

（1＋17%）×17%＝5472.48（千瓦·时）。供电人员在 2016 年 5 月份开具《客户抄表结算复核单》，进行电量退回结算工作。

根据《供电营业规则》第八十条规定："退补时间从上次校验或换装后投入之日起至误差更正之日止的二分之一时间计算"，案例中，供电人员追补方案是按照用户报装之日算起，导致多退用户电量电费，造成企业经济效益损失。

三、问题研判与涉及风险

（1）计量人员未严格执行《供电营业规则》，在制订电量追补方案时，没有按照追补时间要求进行计算，是导致本次案例发生的主要因素。

（2）电量追补方案的审核人员没有发现追补方案的不合理内容，不熟悉制度规范的要求，工作流于形式。

风险点警示	★★★★ 20707 计量故障（差错）追（退）补电量计算结果不准确。

四、整改与防范措施

（1）供电局应及时派遣客户经理与客户沟通协商，向客户解释原因，望其谅解并退回多退的电量电费；

（2）加强《供电营业规则》制度宣贯工作，提高供电局人员的专业知识，加强职业技能培训；

（3）提高制度的执行力，做到有章必依，违章必纠，严把审查环节，避免人为原因导致出现差错事件。

案例 10　电能表止码录入错误导致电费差错

一、案例简介

某低压供电客户，于 2017 年 5 月 28 日进行电能计量装置周期轮换，该用户 201706 期电量显著增加。经过调查核实，计量人员录入电能表止码与实体工作单不一致，导致用户电费计收错误。

二、稽查经过

2017 年 6 月，稽查人员根据常态稽查计划对某供电局进行稽查，发现某低压供电客户从 6 月份开始，用电量出现较大波动，同比上升了 160.62%。根据工作单信息查询发现，用户于 2017 年 5 月进行电能表轮换工作，稽查人员初步怀疑存在电能表表码错抄、营销系统录入示数错误或计量装置故障等问题。

稽查人员立即对电能表轮换工单的相关资料进行检查，检查过程中发现该用户的装拆表单缺少了客户签名，违反了管理实施细则的要求。通过实体装拆工作单记录与轮换电能表相关佐证照片比对，实体工作单的电能表示数与佐证照片电能表示数一致。稽查人员将检查重点放在系统工单的录入环节，系统录入的电能表止码为 237520.8，实体工作单记录的旧表止码为 235208，两者表码不一致，导致 201706 期电费计算错误，多计客户电量 2313 千瓦·时，最终解决方法是通过冲正退补修正电量。

三、问题研判与涉及风险

（1）现场计量人员没有严格执行工作规范要求，在更换电能表前后时未与客户进行电量表码的确认工作。

（2）计量人员在系统工作单流程录入时，没有核对现场资料进行录入，导致实体表单与系统信息不一致。

（3）电费复核人员复核工作流于形式，没有发现附件表单信息与系统录入不一致，未及时发现用户电量异常，导致该户 6 月电费出现差错。

风险点警示	★★★★　20602　录入营销管理系统计量信息与《计量装置装拆工作单》实体版内容不符（如计量装置资产编号、综合倍率、电能表起码及止码、TA 和 TV 型号、变比、编号、等级等关键信息）。

★★★★　30409　电量、电费计收错误。

★★　30401　未进行异常电量、电费数据核对。

★★　20509　《计量装置装拆工作单》实体版记录的封印编号与现场不符。

四、整改与防范措施

（1）严格执行供电企业电能计量装置运行管理实施细则的规定："低压用电客户批量换表业务，必须提前告知客户，填写《××电能计量装置装拆单》并与客户进行变更前后表码等换表信息确认。如客户不能现场确认，必须进行现场拍照存档备查，并将换表信息告知客户"的规定。计量人员在换表时如果无法联系到客户，可以尝试联系第三方在场对更换过程见证，并对新旧电能表起止数据进行拍摄作为记录凭证。

（2）电费复核人员应加强对抄表管理工作质量的监督，在复核过程中仔细核对表单附件与系统录入数据的一致性。对于电量异常的客户，要及时分析原因做好记录过程，并发出工作传单移交相关人员处理。

第四章

电费抄核收

第一节 电费抄核收概念

抄核收是指从电力营销系统形成抄表数据到收费销账的一系列业务过程，包括表计数据抄录、电量电费计算、核算、收费以及为保证电费及时准确回收的其他相关过程。其任务是严格执行国家和上级有关部门制定颁发的各项电价电费政策，及时、准确地抄算、全额回收和上交电费。通过检查抄核收工作的质量，检查电费计算、审核、回收等管理情况，达到防止电费差错和流失的作用，确保抄表实抄率、抄表差错率的真实性、可靠性，保证电费资金安全。

第二节 电费抄核收业务关键风险点

电费抄核收业务风险分布在建立和维护客户抄表档案、抄表计划与抄表区域定期轮换、抄表、核算、收费、改单、退补、电费坏账核销、电费对账、问题整改及反馈等业务环节，其中关键风险点主要集中在抄表、核算、收费、改单及退补 4 个环节，属于高风险的有以下几点：

（1）抄表执行不规范。易导致电费计收错误；存在客户违约用电而未及时查处的风险；容易引起线损异常波动，影响变压器损耗等计算。

（2）未及时发现、处理抄表异常。将导致计量不准确，错误计收客户电量电费；未及时取证或导致现场情况被破坏，难以查明原因；未及时向相关班组、人员传达异常信息，将导致问题滞留，同时存在"体外循环"的风险。

（3）电量电费异常核查工作不到位。易导致客户电量电费计算错误，引发客户诉求；存在客户以电费计算错误为由拒缴电费的风险，造成公司经济利益损失。

（4）电费计收不正确。可能造成客户电费违约金被多收、少收、挪用或侵吞，导致电费不能及时收回。

（5）收费管理不规范。存在现金丢失、工作人员擅自修改客户电费划扣方式等风险；或导致客户电费自动划扣不成功，产生违约电费，引发客户诉求。

（6）改单、退补工作不符合规定。导致计费错误风险；缺失证明材料，容易导致法律纠纷。

第三节　电费抄核收案例分析

案例 1　漏计变损电量电费

一、案例简介

某路灯站 2011 年 1 月 6 日办理新装业务，合同容量为 80 千伏·安，但营销系统的电费结算未计收变损电量电费。

二、稽查经过

2011 年 6 月稽查人员根据月度工作计划对某供电局电量电费审核工作进行常态稽查，核对新装客户的用电资料和电费结算记录时，发现某路灯站未计收变损电量电费。经过检查该用户的档案资料和工作单信息，发现业扩人员办理新装业务流程时，在现场勘查环节的图形配表内容填写中，将变压器属性的考核功率因数选择为"不执行"，而该工作单在归档前，工单的复核人员未发现客户信息填写错误，致使该用户从 2011 年 2 月至 2011 年 6 月漏计 5 个月的变损电量。

三、问题研判与涉及风险

（1）该用户的变压器容量是 80 千伏·安，根据营销管理系统的要求，变压器运行信息的考核功率因数应该选择"执行"，才能计算其变损电量，而该案例中由于变压器运行信息的考核功率因数信息录入错误，致使漏计变损电量。

（2）在本案例中，电费核算人员主要出现两个错误行为：

1）在新装业务流程工作单的更新档案、归档环节没有认真细致地核对变压器运行信息中的关键计费信息，导致没有及时发现客户档案信息错误。

2）没有严格执行供电企业抄表管理细则的规定中"对新装增容、用电变更、电能计量装置参数变化、执行或不执行特殊电价、表计故障等，在业务流程处理完毕后的首次计费月份，应逐户进行核对。"的要求，导致未及时发现漏计变损电量电费。

风险点警示	★★ 30406 客户变损计收错误。 ★★ 30401 未进行异常电量、电费数据核对。 ★ 30410 对新装增容、用电变更、电能计量装置参数变化、执行或不执行特殊电价、表计故障等，在业务流程处理完毕后的首次计费月份，未逐户进行核对。

四、整改与防范措施

（1）业务人员应及时对该户进行档案更正并追补漏收的变损电量电费。

（2）加强相关业务人员的业务技能培训，确保录入的客户档案计费信息准确无误。

（3）电费核算人员应严格按照供电企业抄表管理细则中电量电费核算要求进行复核的工作，同时提高电费复核人员对电费异常信息的核查能力，及时发现计费错误，避免出现电量电费差错。

案例 2　功率因数调整电费计收错误

一、案例简介

某加油站，报装为商业用电类别，该户 2013 年 1 月 9 日办理新装业务，合同容量为 80 千伏·安，该用户不符合力调电费的收取范围，但在 3 月至 5 月期间计收了功率因数调整电费。

二、稽查经过

2013 年 5 月，稽查人员对某供电局进行常态稽查，发现某加油站客户

2013 年 1 月 9 日新装一台容量为 80 千伏·安变压器，用电类别为商业，在 3 月至 5 月期间，计收了客户的功率因数调整电费。根据《水利电力部、国家物价局关于颁布的通知》，100 千伏·安及以上工业用户、100 千伏·安及以上的非工业用户和电力排灌站、100 千伏·安及以上的农业用户和趸售用户，带有带负荷调整装置的高压供电（10 千伏及以上）电力用户应执行功率因数调整电费。该户变压器容量为 100 千伏·安以下，不应计收功率因数调整电费。

经查阅营销系统工作单记录，稽查人员发现业扩人员办理新装业务时，在现场勘查及方案制订环节，计量点属性计费信息录入力率标志时，错误选择为"执行"，致使该户计收功率因数调整电费。

三、问题研判与涉及风险

（1）该用户的变压器容量为 80 千伏·安，变压器容量小于 100 千伏·安，不符合功率因数调整电费的收取范围，不应计收功率因数调整电费。

（2）现场勘查及方案制订人员在录入关键计费信息时没有认真按照功率因数调整电费的收取范围进行填写，致使错误计收客户功率因数调整电费。

（3）在本案例中，电费核算人员主要出现两个错误行为：

1）在新装业务流程工作单的更新档案、归档环节没有认真细致地核对计费点计费信息中的力率标志，导致没有及时发现客户计费档案信息错误。

2）没有严格按照供电企业抄表管理细则中"对新装增容、用电变更、电能计量装置参数变化、执行或不执行特殊电价、表计故障等，在业务流程处理完毕后的首次计费月份，应逐户进行核对。"的规定要求对该户的首次计费月份进行认真的核对，导致没有及时发现产生负值力调电费，致使该户从 2013 年 3 月至 2013 年 5 月一直多退客户的功率因数调整电费。

★★★★ 30407 客户功率因数调整电费计收错误。

★★ 30401 未进行异常电量、电费数据核对。

★ 30410 对新装增容、用电变更、电能计量装置参数变化、执行或不执行特殊电价、表计故障等，在业务流程处理完毕后的首次计费月份，未逐户进行核对。

四、整改与防范措施

（1）严格按照《水利电力部、国家物价局关于颁布〈功率因数调整电费办法〉的通知》规定的功率因数调整电费收取范围重新更正客户力率标志，同时通过营销系统退补工作单流程补回错误计收的功率因数调整电费。

（2）加强现场勘查及方案制订人员的业务技能培训，确保录入的计费信息准确无误。

（3）电费核算人员应严格按照供电企业抄表管理细则中电量电费核算要求进行复核工作，同时提高电费复核人员对电费异常信息的核查能力，及时发现计费错误，避免出现电费差错。

案例3 电费电价执行错误

一、案例简介

某五金加工店客户，在 2013 年 9 月 24 日申请办理新装业务，并于 11 月归档，报装用电类别为普通工业，合同容量为 11 千瓦，其执行电价代码为"普工（化肥）1-10 千伏"，不符合电价执行标准。

二、稽查经过

2014 年 2 月，稽查人员通过在线稽查异常监测功能，发现某五金加工店客户属于公用变压器供电模式用户，执行的电价代码为"普工（化肥）1-10 千伏"。经过深入核查，该用户于 2013 年 9 月 24 日办理新装用电业务，在签订的《供用电合同》内容中显示，用户的合同容量是 11 千瓦，用电类别是普通工业，营业执照的经营范围是"加工、维修五金、机械"，用户报装的用电设备容量清单主要设备是钻床和电焊机，按照用户实际情况，应该执行"普通工业不满1千伏"电价。

为了查明异常产生原因，稽查人员对业务流程环节内容进行检查，发现业务人员在现场勘查环节，图形配表信息录入时，将用户计费点电价设置成"普工（化肥）1-10千伏"，致使该户从2013年12月至2014年1月的电费计收错误。

三、问题研判与涉及风险

（1）业务人员在现场勘查环节，图形配表信息录入时，没有认真按照客户实际电压等级及行业类别进行电价录入，致使错误计收客户电费。

（2）在本案例中，电费核算人员主要出现两个错误行为：

1）在新装业务流程工作单的更新档案、归档环节没有认真细致地核对计费点计费信息中的电价，导致没有及时发现客户计费档案信息错误；

2）没有严格按照供电企业抄表管理细则规定，"对新装增容、用电变更、电能计量装置参数变化、执行或不执行特殊电价、表计故障等，在业务流程处理完毕后的首次计费月份，应逐户进行核对。"要求对该户的首次计费月份进行认真的核对，导致没有及时发现电价计收错误费。

风险点警示	★★★★★ 30404 未发现客户电价、附加费标准执行错误。 ★★ 30401 未进行异常电量、电费数据核对。 ★ 30410 对新装增容、用电变更、电能计量装置参数变化、执行或不执行特殊电价、表计故障等，在业务流程处理完毕后的首次计费月份，未逐户进行核对。

四、整改与防范措施

（1）对该户的电价进行重新更正并追补少收电费。

（2）加强相关业务人员的业务技能培训，确保录入的计费信息准确无误。

（3）电费核算人员应严格按照供电企业抄表管理细则中电量电费核算要求进行复核工作，同时提高电费复核人员对电费异常信息的核查能力，及时发现计费错误，避免出现电费差错。

案例 4 新装用户归档后未及时抄表计费

一、案例简介

某用户 1 月份办理新装业务，但是系统显示该用户 4 月份才开始进行抄表，且 4 月份的电量超过正常电量均值，而该用户的线路台区在 2 月份、3 月份、4 月份时，台区线损率超过考核值，从 5 月份起恢复正常。

二、稽查经过

2011 年 7 月，稽查人员根据月度工作计划对某供电局的抽样稽查样本进行核查，在筛查样本中发现某交通警察支队在 2011 年 1 月 11 日办理了新装业务，1 月 14 日流程归档，但 2 月份及 3 月份没有抄表记录也没有计收电费。4 月份电费明显高于正常用电，从 5 月份开始该用户台区线损率保持在正常考核值范围内。稽查人员通过查询 1 月至 4 月的抄表计划和现场调查，发现该户在新装工作单归档后，抄表班班长未将其编入抄表计划，致使 2 月份、3 月份都没有进行抄表计费，4 月份才将该户编入抄表计划进行抄表计费。

三、问题研判与涉及风险

（1）抄表班班组责任心不强，未及时将新装客户编入抄表计划，影响用户正常周期抄表计费及线路台区线损电量。

（2）电量电费突增容易引起客户诉求。

风险点警示	★★★	30308	出现漏抄现象。
	★	30201	建立抄表档案时未同时编入抄表计划。

> ★ 30202 应抄用户未编入抄表计划。
>
> ★ 30304 未及时核对未抄表用户。

四、整改与防范措施

抄表班班长应在每月抄表前，将当月新装客户编入抄表计划，并对该项工作安排核查人员，避免因未及时抄表影响线损电量和下一周期抄表计费。

案例 5 工业专用变压器用户未执行峰谷电价

一、案例简介

广东省某市一专用变压器普通工业用户未按分时电价计收电量电费，导致供电企业产生经济损失。

二、稽查经过

2010 年 12 月，稽查人员根据工作计划对某供电局进行电费常态稽查。在核查某经济发展公司档案资料时发现，该户为普通工业专用变压器用户，但在计算电费时未执行峰谷电价。

经稽查人员仔细核查发现是由于业务人员在现场勘查环节，图形配表信息录入时，分时计费标志设置成非分时计费，致使该户未按峰平谷时段计收电费。

三、问题研判与涉及风险

（1）业务人员在录入现场勘查图形配表环节关键计费信息时，没有认真按照客户的用电分类和电压等级进行分时计费标志信息录入，致使该客户未按峰、平、谷时段计收电费。

（2）在本案例中，电费核算人员主要出现两个错误行为：

1）在客户更新档案、归档环节没有认真细致地核对计费信息录入中的关键计费信息，导致没有及时发现客户档案信息错误。

2）没有严格按照供电企业抄表管理细则中"对新装增容、用电变更、电能计量装置参数变化、执行或不执行特殊电价、表计故障等，在业务流程处理完毕后的首次计费月份，应逐户进行核对。"的规定要求，对该户的首次计费月份未进行认真的核对，导致没有及时发现电价计收错误。

<table>
<tr><td rowspan="3">风险点
警示</td><td>★★★★★　30404　未发现客户电价、附加费标准执行错误。</td></tr>
<tr><td>★　30413　计费关联信息错误未及时发起更正。</td></tr>
<tr><td>★　30410　对新装增容、用电变更、电能计量装置参数变化、
执行或不执行特殊电价、表计故障等，在业务流程处理完毕后
的首次计费月份，未逐户进行核对。</td></tr>
</table>

四、整改与防范措施

（1）业务人员要及时对该户进行档案更正并进行历史重算退补电费差价。

（2）加强相关业务人员的业务技能培训，严格执行《广东省物价局关于调整峰谷电价的通知》文件要求，确保录入的客户档案计费信息准确无误。

（3）电费核算人员应严格按照供电企业抄表管理细则中电量电费核算要求进行复核工作，同时提高电费复核人员对电费异常信息的核查能力，及时发现计费错误，避免出现电费差错。

案例 6　抄表、核算岗位未分离

一、案例简介

某供电局的核算员在进行电费复核工作的同时兼职抄表工作，未按规定执行岗位分离。

二、稽查经过

2013 年 7 月，稽查人员根据工作计划对某供电局抽样稽查样本进行核查，发现某电费核算单中抄表员与核算员均为熊某，该行为违反供电企业电费抄核收管理办法的规定。通过现场询问，了解到供电局抄表人员岗位轮换后，由于抄表人员不足，而抄表时限较短，为了按时完成抄表工作任务，把核算人员也纳入抄表工作，导致出现违规行为。

三、问题研判与涉及风险

（1）案例中的电费核算人员未严格按照供电企业管理制度电费抄核收管理办法中"各单位应遵循抄表、核算、收费岗位不相容原则"的规定进行岗位分离，出现既核算电费又抄表的情况。

（2）营销管理系统的人员角色权限没有严格按岗位职责设置。

风险点警示 | ★★★ 30902 未遵守抄表、核算、收费岗位不相容原则。

四、整改与防范措施

（1）严格按照供电企业管理制度电费抄核收管理办法中"各单位应遵循抄表、核算、收费岗位不相容原则"的规定进行岗位分离，避免混岗操作。

（2）合理安排工作并对营销管理系统人员角色按岗位职责进行权限设置，避免混岗操作。

案例 7 错抄电能表行码

一、案例简介

某住宅客户 10 月份抄表行码抄错，导致用电量突增，比以往该户的月平均电量增加了 669.23%。

二、稽查经过

2014 年 10 月，稽查人员按照年度工作计划对月用电量大于 5000 千瓦·时的住宅客户进行专项稽查。

稽查人员在抽样检查中通过翻阅营销管理系统资料，发现某用户以往的月用电量约为 1300 千瓦·时，而在 10 月该户的抄见电量突增超过 10000 千瓦·时，明显超出一般居民用电水平。为了解用户具体用电情况，稽查人员决定对该户进行重点稽查。该用户性质为公用变压器供电模式用户，用电类别为住宅（一户一表），低供低计，合同容量 5 千瓦。从营销系统工作单记录显示，该用户在用电期间并未申请增容或改类等变更用电业务，一直都是低压居民用电。

经过现场稽查，稽查人员对电能表进行读数核对，10 月 10 日现场抄录的电能表行码为 156502，营销管理系统查阅结果显示，10 月 1 日电能表的行度为 165355，该电能表营销管理系统 10 月 1 日的示数大于 10 月 10 日现场示数。经询问和查阅营销管理系统，发现是抄表人员 10 月 1 日抄表时因抄表时间紧，抄表客户量大，在抄录表计时错将电能表行码 156355 抄录为 165355，而 10 月 6 日电费复核人员发现该户电量数据异常并及时通知抄表人员重新到现场核实数据，但抄表人员并未到现场核对电能表数据就通过营销管理系统回复电费复核人员抄表读数无误，导致未发现抄表错误。

三、问题研判与涉及风险

（1）该供电局营销监管不到位，个别抄表人员工作不负责、马虎，责任心不强，工作不够细致，随意录入抄表异常数据核查信息。

（2）用电检查人员工作不到位、流于形式，没有发挥监抄的作用。

（3）抄表人员和用电检查人员都没有严格履行岗位职责，对有关工作规定及制度熟视无睹是造成这次错抄电能表数据的根本原因。

风险点警示	★★★　30313　发现用电异常情况，没有详细记录在抄表事项中（如零度、电量突变等，未向客户了解情况，并详细记录在抄表事项中）。 ★★★　30309　出现估抄、错抄现象。 ★★　30320　未到现场核对电量异常用户。

四、整改与防范措施

（1）供电局应组织营销人员对供电企业抄表管理细则进行岗位培训，要求各班长对此组织班员认真学习，吸取教训，引起大家的重视和警觉，杜绝类似现象再次发生。

（2）实行层级管理，班员对班长负责，班长和专责对部门主任负责的管理机制。各班组建立严格的抽查制度，由专责及班长负责定期抽查对应班组的工作质量和工作落实情况。

（3）加强抄表轮换制度和监抄制度，减少人为差错，确保抄表数据质量。

案例 8 更换计量装置后未收取旧表电量

一、案例简介

某工业用户在办理改类、换表业务后，未计收更换前电能表的电量，导致供电企业产生经济损失。

二、稽查经过

2016 年 7 月 21 日，稽查人员根据常态稽查计划对客户服务中心进行电费稽查工作。稽查人员调阅了抽样样本的档案资料、业务办理流程工作单记录和电费台账信息，发现某客户办理变更业务后，未计收更换前电能表的电量。

该客户在 2015 年 11 月 4 日申请办理改类业务，由原非工业用电改为普通工业用电，12 月 9 日送电，12 月 15 日归档。与此同时，在 12 月 18 日申请办理客户侧电能计量装置故障处理业务，12 月 21 日进行换表，12 月 25 日归档。用户办理两种业务工作单在同一个月内归档，引起了稽查人员的注意，于是对该客户进行重点检查。

经核查该户客户侧电能计量装置故障处理装拆工作单记录，发现更换前计费电能表的有功总表码为 83673.13、峰表码为 25348.30、平表码为

38471.64、谷表码为 19853.19，而 201601 期的客户抄表结算复核单的计费总表本月行度与改类时的旧电能表截取表码 83270 相同，且未按改类后应执行峰谷电价计收换表电量，即该用户 201601 期的电量电费只是按照非工业用电性质计算且没有计收换表电量，根据工单办理情况，用户从 12 月 9 日开始应该执行普通工业峰谷电价并按旧表止码的峰平谷电量计收换表电量电费。

复核人员在客户办理变更业务后，首次计费核算时没有对该户的计费信息进行认真核对，致使该户在 201601 期电费计收错误。

三、问题研判与涉及风险

本案例中复核人员工作责任心不强，没有严格按照供电企业抄表管理细则中"对新装增容、用电变更、电能计量装置参数变化、执行或不执行特殊电价、表计故障等，在业务流程处理完毕后的首次计费月份，应逐户进行核对"的要求执行。

风险点警示	★★★★　30409　电量、电费计收错误。 ★　30410　对新装增容、用电变更、电能计量装置参数变化、执行或不执行特殊电价、表计故障等，在业务流程处理完毕后的首次计费月份，未逐户进行核对。

四、整改与防范措施

（1）相关工作人员须及时在营销系统走电量电费退补流程将少收的电量电费补回。

（2）每月电费结算后应重点对存在多项业务工作单在同一个月内归档的客户进行认真复核，同时组织营销人员对供电企业抄表管理细则进行在岗位培训，要求各班长对此组织班员认真学习，吸取教训，引起大家的重视和警觉，杜绝类似现象再次发生。

一、案例简介

某业务受理人员为某房地产开发有限公司办理"营改增"业务（即普通发票改为增值税发票的业务）时，由于操作错误将原来"居民合表"电价变更为"住宅（小区专用变压器供电模式）"电价，导致电价执行错误。

二、稽查经过

2016 年 11 月，稽查人员根据稽查计划对某供电局抽样样本进行核查。稽查人员按照稽查程序调阅了某用户的电费台账信息，发现在 2016 年 7 月 27 日为某房地产开发有限公司申请办理客户档案信息维护业务流程，主要是为客户办理发票"营改增"业务，客户不涉及更改用电性质的情况，也未办理改类业务，这引起了稽查人员的注意。

经过稽查发现，业务人员在办理客户档案信息维护业务流程时由于误操作将原"居民合表"电价变更为"住宅（小区专用变压器供电模式）"电价。客户服务中心核算员在 2016 年 8 月对该户的电价异常下发了异常核查工作单给相关的供电局，但并未引起供电局相关业务人员的重视，在异常核查工作单中回复"抄表正确"，未认真核对该户的用电性质，导致该户在 201608 期和 201610 期的电费计收错误。

三、问题研判与涉及风险

本案例中暴露了供电局的业务受理人员在为客户办理变更信息业务时未认真核对需变更信息和变更后的信息，而复核人员的工作马虎责任心不强，工作不够细致是导致本次电价计收错误的主要原因，同时也没有严格按照供电企业抄表管理细则中"对新装增容、用电变更、电能计量装置参数变化、执行或不执行特殊电价、表计故障等，在业务流程处理完毕后的首次计费月份，应逐户进行核对"的要求对该户在办理变更业务流程完毕后的首次计费月份进行认真的核对，导致 201608 期和 201610 期少计电费

20677.95 元。

四、整改与防范措施

（1）相关工作人员须及时在营销系统按规定的程序补回少收的电费。

（2）相关工作人员要在营销系统及时按规定流程对用户的电价档案进行更正处理。

（3）每月电费结算后应重点对客服中心下发的电价异常核查工作单的客户进行认真复核，同时组织营销人员对供电企业抄表管理细则和供电企业业扩管理细则进行岗位培训，要求各班长对此组织班员认真学习，吸取教训，引起大家的重视和警觉，杜绝类似现象再次发生。

案例 10　电费计收错误

一、案例简介

某专用变压器供电模式（俗称"公变"）工业用户办理改类业务后，未按实际变更日期执行应计电价类别，导致电费计收执行错误。

二、稽查经过

2016 年 11 月，稽查人员根据稽查计划对某供电局抽样样本进行稽查。稽查人员按照稽查程序随机抽样调阅了部分用户的档案资料、业务办理流程工作单记录，发现某专用变压器供电模式工业用户在 5 月 25 日申请办理"过户"业务，于 5 月 30 日归档；6 月 13 日该户又申请办理"改类"业务，由"大工业"改为"非工业"，于 6 月 21 日归档。稽查人员根据用户业务办理情况，对其进行深入稽查。经核查该客户的电费台账信息发现：

对用户在 201606 期电费（计费时段为 20160501-20160526）按大工业电价只计收了 25 天的电量电费及基本电费，201607 期的电费（计费时段为 20160526-20160630）按非工业电价计收了 35 天的电量电费。依据改类工单显示，用户应在 2016 年 6 月 21 日后执行"非工业"电价，在 5 月 26 日至 6 月 20 日期间，应执行"大工业"电价，计费人员未认真核对用户电价执行情况，导致该用户少计电费。

三、问题研判与涉及风险

经分析，本案例主要是分局核算人员在客户办理过户业务归档（2016 年 5 月 30 日）后，未及时进行二次结算（2016 年 6 月 1 日）。改类工作单归档后的首次计费（201607 期）也未进行认真复核。暴露了供电局的复核人员工作马虎责任心不强，工作不够细致，同时也没有严格按照供电企业抄表管理细则中"对新装增容、用电变更、电能计量装置参数变化、执行或不执行特殊电价、表计故障等，在业务流程处理完毕后的首次计费月份，应逐户进行核对"的要求对该户在办理变更业务流程完毕后的首次计费月份进行认真的核对，导致 201607 期少计电费 13270.72 元。

> **风险点警示**
>
> ★★★★ 30409 电量、电费计收错误。
>
> ★ 30410 对新装增容、用电变更、电能计量装置参数变化、执行或不执行特殊电价、表计故障等，在业务流程处理完毕后的首次计费月份，未逐户进行核对。

四、整改与防范措施

（1）相关工作人员须及时在营销系统按规定的程序补回少收的电费。

（2）组织相关营销人员对供电企业抄表管理细则进行业务培训，要求各班长对此组织班员认真学习，吸取教训，引起大家的重视和警觉，杜绝类似现象再次发生。

第五章

客 户 服 务

第一节　客户服务概念

客户服务，是指在电力供应过程中，供电企业为满足客户获得和使用电力产品的各种相关需求的一系列活动的总称。具体包括业扩、抄表、收费、用电检查、计量装拆表、95598 客户服务、供电抢修等供用电业务。广义而言，任何能提高客户满意度的内容都属于客户服务的范围。

第二节　客户服务业务关键风险点

客户服务业务风险分布在服务环境、信息披露、服务承诺、营业厅业务管理、营业厅诉求管理、95598 业务受理、回访工作、故障报修处理、投诉举报处理、服务监控、知识库管理、主动服务、便民服务、大客户服务、客户关系管理、应急管理、问题整改及反馈等业务环节，其中关键风险点集中在营业厅诉求管理、故障报修处理和投诉举报处理 3 个环节，属于高风险的有以下几点：

（1）客户诉求处理不当。影响企业形象，造成客户诉求升级，引发客户投诉。

（2）故障停电短信通知不到位。影响重要客户或大量低压客户的生活、成产，容易造成客户不满，引发客户诉求升级。

（3）故障抢修处理不当。未及时处理现场故障，易造成客户诉求升级，引发投诉事件。

（4）客户投诉举报处理不及时或处理不当。投诉举报处理不及时、不规范，将影响企业形象，存在法律风险和廉洁风险。

第三节 客户服务案例分析

案例 1 使客户 7 次往返营业厅引发客户投诉

一、案例简介

某供电区域一企业客户反映2015年6月份委托员工陈某前往某供电局咨询办理更名业务。某供电局未正确引导客户需求，未按规定受理客户业务并出具受理回执，导致客户因资料不完整先后 7 次往返营业厅，最终引发客户在阳光问政平台投诉。稽查人员调查后确定这是一起营业员受理业务不符合规范导致客户投诉事件。

二、稽查经过

稽查人员到现场调看监控录像和询问相关人员得知，2015 年 6 月 23 日至 8 月 6 日，客户 7 次到营业厅咨询办理更名和申请增值税发票业务，期间客户 5 次由于资料不全或"复印件未加盖公章"的理由被回退，第六次到营业厅办理业务时，业务人员才发现用户除更名业务外，需办理"增值税发票"业务。

8 月 11 日，某供电分局收到客户在阳光问政平台发布"投诉东城供电局之各种办事不力"的舆论，反映"其申请办理企业名称变更过程，某分局营业厅业务办理效率低，业务环节烦琐、工作人员服务态度差和工作技能差"。

8 月 12 日，稽查人员组织某分局管理人员上门回访客户，解释新营销系统处于升级测试阶段，业务办理缓慢受阻原因，取得客户理解。当天分局管理人员完成合同流程并上门送达实体合同，全程用心服务好客户剩余的业务办理环节。

三、问题研判与涉及风险

（1）营业员无正当理由拒绝受理业务，对资料不完整的，未按要求进行预受理。营业员在客户第二次至第五次前往营业厅时，没有执行相关要求一次性通知客户补齐资料，未采取预受理的方式为客户办理业务并出具受理回执，造成客户多次往返营业厅。

（2）营业员业务受理资料审核存在执行偏差，事件中营业员违反供电企业制度要求，在客户已提供授权委托书的前提下，仍对其他相关复印件要求法人签字等要求，业务人员资料审核要求均无章可循，审核存在执行偏差。

（3）营业员未主动挖掘客户真正需求，客户诉求得不到及时响应。营业员多次接触客户，均未主动挖掘客户办理业务的真正需求，正确指引客户所需办理的业务及应提供的资料。同时，客户为办理业务前后 7 次往返营业厅，均未能引起某供电局相关业务人员的关注和主动协助，造成客户抱怨迟迟无人办理、无人跟进的误解，不满情绪得不到及时安抚，最终发展成网络投诉。

风险点警示	★★★★　40506　其他客户诉求处理不规范。 ★★★　11108　存在其他违反业扩相关管理制度和文件的行为。 ★★　11002　变更及其他业务办理不符合规定。 ★　40604　未准确理解客户来电意图，工作单类型（业务分类）不正确。

四、整改与防范措施

（1）严抓作风建设，提升服务质量。应严抓工作作风建设，加强员工思想教育，强化责任意识、服务意识、担当意识；重视营销人员业务知识和沟通技能培训，切实提高营销人员的业务素质，不断提高业务办理效率和服务质量。

（2）关注客户诉求，规范业务流程。重视客户服务工作，树立以客户为中心的服务理念，主动关注客户诉求，理顺客户诉求处理流程，严格按照供电企业业扩管理细则的要求办理客户用电申请业务，规范业务流程。

（3）规范执行业扩报装管理，及时做好客户解释工作。加强对机制的适用范围正确理解、规范执行，做好客户解释工作，争取客户理解和支持，同时，强化信息公开措施，在客户报装前期实施"一次性"主动告知服务。

<table>
<tr><td>案例 2</td><td>业扩报装无人跟进造成客户投诉</td></tr>
</table>

一、案例简介

2017 年 5 月 16 日，某供电局收到监管局转办工单，某供电区域客户反映 2017 年 5 月 11 日拨打 95598 申请增容，但至今未有工作人员联系。稽查人员调查后确认这是一起因业务人员工作疏忽导致工单遗留的客户投诉事件。

二、稽查经过

5 月 17 日，稽查人员到达该供电局，了解事件的始末，得知该客户于 5 月 11 日致电 95598 申请低压增容业务，省级 95598 坐席人员于当日将工单传递至该供电局；5 月 12 日，客户致电 95598 反映未有工作人员上门进行现场勘查，省级 95598 坐席人员答复客户流程已流转至勘查派工环节，建议客户继续等待，如当日无消息再致电 95598 了解情况，随即坐席人员直接归档工单并没有将客户诉求下发至责任供电局。

稽查人员查询系统记录发现，供电局工作人员于 5 月 15 日签收该客户的低压增容工单，并派遣人员进行现场勘查工作，此时距离客户报装日期已长达 5 日。通过客服热线记录查询到 5 月 16 日客户第三次致电，表示自申请业务至今已过去 6 天，仍未有工作人员联系跟进处理事件。

5 月 17 日当日，稽查中心立即组织客服中心和供电局相关人员开展客户关系修复工作，并根据业务流程组织供电局人员开展现场勘查，客户表示谅解和满意。

三、问题研判与涉及风险

（1）某供电局客户服务人员工作不到位，未及时受理客户业务申请工单，该供电局信息传递和内部协调不力，对业扩工单的流转、时间节点管控缺乏科学安排和闭环跟踪，导致业扩工单滞留，造成业扩报装超时。

（2）95598坐席人员对业务知识不熟悉，未向责任单位下发业务办理咨询工单，导致供电局工作人员未及时了解客户诉求情况，造成客户投诉。

风险点警示	★★★ 10109 业务超时或时间记录不一致（业务受理）。
	★★ 40614 对需要后续处理的业务未及时按规定程序、时限转至相关部门处理。
	★ 40603 对咨询、查询的问题答复不准确。

四、整改与防范措施

（1）建立业扩工单专人督办机制，设专人跟业扩工单，确保业扩工单及时处理。

（2）加强与客户的沟通，工单处理人员在收到工单后应立刻联系客户。针对客户报装的情况，将工作计划向客户解释清楚，同时将实时工作进度以及预计完成时间向客户说明，避免客户误会。

（3）严格按照供电企业业扩报装及配套项目管理细则规定，在客户提交用电申请后，勘查人员应在接到业扩工单的1个工作日内电话预约现场勘查时间、地点，了解客户办理业务信息并告知须提交的报装资料。

（4）服务调度探索业务超时预警机制，减少因业务处理时间过长引发的客户投诉事件。

案例3 供电营业厅服务质量欠佳引发微博舆论

一、案例简介

2013年6月14日21时28分，一新浪微博用户在微博平台发布一条关于某供电局营业厅服务质量欠佳的消息，并@多家媒体，造成一定范围内的社会讨论，稽查人员得知舆情工单后立即展开调查，确定这是一起因营业厅服务质量欠佳的客户投诉事件。

二、稽查经过

稽查人员查看舆情工单，了解微博内容，确定客户的发布言论为："三个收费窗口一律不收费，请用银联卡自助机缴费，窗口工作人员忙于看手机跟闲聊！两个业务窗口，一个工作人员工作，另一个由于怀孕中，单位特别允许只看不做，不管多少人在等"。舆论矛头直指某营业厅服务质量不过关。截至6月20日，该微博共23条转发，376条评论，引起一定范围内的社会讨论。

稽查人员赴该营业厅了解情况，并回放当天的前台监控录像。该客户于14日下午15:19到达营业厅并在4号业务窗口排队办理移表业务，在16:32在窗口申请移表业务。监控录像显示，当天下午4号和5号业务窗口只开放4号窗口受理业务，部分居民客户办理用电业务的时间超过20分钟，营业厅现场没有使用排队机叫号，只是靠客户自觉排队。关于收费窗口问题，询问营业厅负责人，表示当天由于营业厅的POS机工作网络中断，所以指引客户通过自助终端机缴费，收费员在窗口打印发票的工作过程中确实存在闲聊情况。

至此，微博反映内容基本属实，某营业厅服务质量存在不足，营业厅负责人通过微博回应指责，并向受影响客户致歉。

三、问题研判与涉及风险

（1）某营业厅没有实现供电企业供电服务承诺兑现评价管理办法中规定"服务承诺内容：客户在营业厅平均等候时间不超过15分钟"，服务时限也没有满足供电企业客户服务渠道管理办法中附录A供电营业厅管理规范中规定的"办理居民客户收费业务的时间每件不超过5分钟；办理其他用电业务的时间每件不超过20分钟"。

（2）营业窗口的硬件设施不足，营业厅现场的排队叫号系统未打开运行，没有使用排队机进行电子叫号，现场人数激增，队列混乱。

（3）某供电局没有有效管控营业厅现场，在出现等待人数过多时没有按照供电企业客户服务渠道管理办法中附录A供电营业厅管理规范的要求及时采取应急措施，营业厅负责人没有立即组织增开营业柜台，对等待的客户进行分类疏导，以分流排队人群。

风险点警示	★★★　40103　营业厅内各种服务设施不可用或未打开运行（如电子显示屏、排队叫号系统、客户评价系统、信息查询设备等各项服务设施）。 ★　40402　办理居民客户收费业务的时间每件超过5分钟、办理其他用电业务的时间每件超过20分钟。 ★　40403　未有效管控营业厅现场，未做好营业厅应急、疏导管理。 ★　40301　客户在营业厅平均等候时间超过15分钟。

四、整改与防范措施

（1）按照供电企业供电服务承诺兑现评价管理办法中"服务承诺内容：客户在营业厅平均等候时间不超过15分钟"兑现服务承诺。加强窗口人员的业务培训，实现供电企业客户服务渠道管理办法-附录A供电营业厅管理规范中规定的"办理居民客户收费业务的时间每件不超过5分钟；办理其他用电业务的时间每件不超过20分钟"。

（2）加强营业窗口的硬件设施建设，保证营业厅内各种服务设施如电子显示屏、排队叫号系统等可正常运行，并设定维护责任人。提供客户座椅和接待室，以适时缓解客户的不满情绪。

（3）按照供电企业客户服务渠道管理办法-附录A供电营业厅管理规范的要求做好营业厅应急管理，客户平均持续等待时间超过20分钟以上时，营业员、营业厅班长（值班经理）应立即向上一级领导汇报，并进行协调，对等待的客户进行分类疏导。营业厅班长（值班经理）应立即组织

70

增开营业柜台，并安排人员引导客户到增开柜，分流排队人群。

一、案例简介

某张姓客户反映其商业银行账号被绑定在一同名同姓客户的电费账号并进行了扣费，对于这非客户本人发起、非客户用电电能表，却被无故绑定扣费的现象，张姓客户强烈要求供电局给出合理解释并处理，稽查人员调查后确认这是一起营业员工作马虎导致的客户投诉事件。

二、稽查经过

接到情况后稽查人员马上组织开展调查工作。根据客户投诉工单描述，稽查人员了解到该客户绑定代扣的银行账号所属人与用电客户名称一致。但投诉人声称，银行卡客户对应的用户编号并非其本人，且当事人在该地点无物业，认为只是一个与自己同名同姓的用户。

稽查人员前往扣费用户的报装地址了解情况，经现场核实，该户主与投诉人张某并非同一人，彼此也互不认识，问及是否有向供电局签订银行代扣电费协议，户主表示不知情，没有使用投诉人账号办理过代扣业务。

据向供电局了解情况后，得知前台工作人员因两名客户的名称相同，而错误将其一的银行账号登记在另一同名同姓用电客户的账号上，造成代扣错误。通过查询系统收费记录，供电局应将错收电费金额退还给投诉人张某，并安排用电客户缴清未付费的电费。

三、问题研判与涉及风险

（1）某供电局在与客户签订银行代扣电费协议的环节出现人为失误，系统登记信息与代扣协议信息不相符，造成使用他人银行账号扣费的不合理现象。办理签订协议的工作人员责任心不足，工作马虎致使犯错。

（2）客户基础档案信息不完整，没有登记电费通知联系手机，对于代扣的信息，没有按照短信发送规则在代扣成功后发送扣费信息，致使201408 至 201412 三期电费扣费错误时，没有及时被用电客户所知道，直到投诉人自己查询银行账号才发现异常。

四、整改与防范措施

（1）供电局收费人员与两方客户做好沟通工作，将错扣投诉人银行账号的电费金额退还给本人，并指引用电人补缴三期电费。

（2）完善客户基础档案信息，按照用电人签订的银行代扣电费协议重新在系统上登记正确的银行账号，并收集用电人的联系电话，以便及时将电费信息、停电信息及时送至客户。供电局应当充分利用抄表、办理业务、上门等方式收集客户信息，以便完善客户档案。

（3）加强对工作人员业务水平的培训，努力培育全员服务意识，营业厅及业务受理相关人员应当认真核对客户提供资料，录入正确客户信息，避免因工作失误对客户造成影响，有效管控服务质量。

案例 5 　电费批扣失败并追收违约金引起客户不满

一、案例简介

某工业客户致电 95598 服务热线，反映自己在电费缴交时间内已缴存足够电费金额，但却无故收到供电局关于催缴电费的短信，并且银行账户被自动划扣了电费违约金，客户要求事件得到合理解释和处理，稽查人员通过调查确实该案件是由于收费员工作过失导致客户投诉事件。

二、稽查经过

稽查人员收到客户诉求工单展开调查，通过营销信息客服系统查询该工业客户的诉求工单，反映："在 13 号存款交电费了，今天又收到催费信息，表示要收违约金。由于银行没有成功扣费，是银行与供电局之间没有及时沟通好，客户认为与其无关，不应收违约金，也不应发信息催费和要罚违约金的意思"。

稽查人员搜索信息发布记录，该供电局在 2010 年 4 月 15 日向客户发送了一条短信："您好，贵户(33***19)截至 04 月 15 日，已欠缴电费 32158.4 元，我局将按照相关法律规定计收违约金。请您尽快缴费，谢谢！××配电营业部"。

稽查人员查询收费记录，该客户在 2010 年 4 月 16 日 0 点，通过批量扣款方式划扣电费 32158.40 元，违约金 64.31 元，逾期之日是当月 15 日。

稽查人员随后向核算中心了解情况，4 月 13 日、14 日，代扣银行设备终端出现故障，造成电费扣费失败，高压客户电费违约金推迟一天计收，该情况已在营销管理信息系统做出公告通知。

客户反映情况属实，收费人员没有注意高压客户电费违约金推迟一天计收的通知，计收了客户一天的电费违约金，且发送催费短信。

三、问题研判与涉及风险

（1）收费人员没有及时知悉银行代扣业务异常的通知，直接发送催缴信息向用户追讨欠费，影响供电企业以客为尊的服务形象。

（2）收费人员在没有调查清楚欠费原因的情况下计收客户的电费违约金，导致不合理收取违约金。

风险点警示	★★★★ 40506 其他客户诉求处理不规范。
	★★★ 41202 欠费、错峰限电等信息发送错误。
	★★ 30504 电费违约金计收错误。

四、整改与防范措施

（1）供电局应将不合理收取的违约金及时退还给客户，或将已收违约金转为预收电费。

（2）客服人员应及时做好客户诉求的安抚工作，承诺不再出现类似问题。

（3）业务处理部门应加强与相关业务管理部门的沟通，借助电话、邮箱、系统公告等渠道加强业务交流及反馈，实时了解业务上的最新动态或注意事项。同时，强化员工严谨的工作态度，尤其在对外信息发布方面应注意信息的准确性，避免出现不必要的人为失误。

案例 6　抄表人员工作差错造成客户不满

一、案例简介

某供电区域一居民客户反映 2014 年 7 月份电费较往期明显偏高，认为是供电局乱收电费。稽查人员基于调查后确定为抄表人员估抄行为导致客户诉求事件。

二、稽查经过

2014 年 7 月，某供电区域一居民客户致电 95598："2014 年 7 月份收到电费通知短信，发现相比以往的电费周期，明显翻了几倍，认为供电局收费不合理，从未见过抄表员上门抄表，电费都是估抄估算的"。

稽查人员通过系统查询该客户的抄表记录，201407 期抄表电量 5295 千瓦·时，同比增长 147.66%，电量增长幅度异常偏大。同时，201401、201403、201405 三期电量相比同期明显偏少，抄见电量存在异常嫌疑。

稽查人员联系负责该抄表区段的抄表员，抄表员承认，由于此客户的电能表安装在围院内导致无法顺利抄表，为图方便，便对 201401、201403、201405 三期表码都采取估抄方式，在 2014 年 7 月 4 日，抄表员恢复正常抄表，导致了阶梯电量不合理累计。

三、问题研判与涉及风险

（1）抄表员抄表工作不到位，为了方便采用估抄的方式是不负责任的行为，没有严格执行《供电企业抄表管理细则》要求按时、到位、使用抄表机、正确地抄录电能表的表码和不得漏抄、估抄，严禁委托客户抄表和私自委托他人代抄表。

（2）电费复核员对电量波动没有足够的敏感性，草率将问题电费直接发行。

（3）抄表人员缺乏服务意识，估抄行为容易在阶梯电价的计算方式中，造成电费的飙升引发客户诉求的风险。

风险点警示	★★★	30309	出现估抄、错抄现象。
	★★	30401	未进行异常电量、电费数据核对。

四、整改与防范措施

（1）规范抄表人员的工作行为，明确抄表员和复核员的职责，严格按照《供电企业抄表管理细则》的相关规定开展工作。通过绩效、辅导等多种手段增强班组人员工作责任心，从而有效提升客户服务满意度。

（2）对于电能表安装位置不利于抄表工作开展的情况，应做好相关登记工作，及时向客户派发通知书，请客户携带相关资料办理迁移电能表业务。

第六章

用 电 检 查

第一节　用电检查概念

用电检查业务是指为了保障电网的安全、稳定、经济运行，维护正常供用电秩序和公共安全，保护供用电双方的合法权益，供电企业按照《电力法》《电力供应与使用条例》《供电营业规则》《用电检查管理办法》等对客户用电情况开展用电安全管理和供用电合同履行等情况的检查工作。

用电检查工作必须以事实为依据，以国家有关电力供应与使用的法规、方针、政策，以及国家和电力行业的标准为准则。主要业务事项包括安全用电管理、重要客户安全用电管理、违章（约）用电和窃电查处、用电安全风险管理。

第二节　用电检查业务关键风险点

用电检查业务风险分布在用电检查资格、日常检查计划、专项检查计划、现场检查及资料归档、问题整改及反馈、用户电气事故（事件）、重要客户管理、窃电、违约用电查处、居民家电损坏调查等业务环节，其中关键风险点主要分布在重要客户管理、窃电及违约用电查处两个环节，其中属于高风险的有以下几点：

（1）重要客户检查不规范。未按规定对重要客户或重点关注客户进行周期、专项检查，造成客户投诉、营销风险和安全风险。

（2）重要客户安全措施不符合要求。供电电源配置未符合要求、自备应急电源配置不符合要求、未制订保护安全的应急预案，配置保护安全的物资设备，造成客户投诉和安全风险。

（3）窃电、违约用电查处、处理不规范。可能存在"包庇用电、窃电行为"和"吃里扒外"行为，造成营销风险和法律风险。

第三节 用电检查案例分析

案例 1 客户擅自使用暂停变压器违约行为

一、案例简介

2013 年 2 月 26 日某客户申请办理暂停 1 台 400 千伏·安变压器。该用户 2013 年 8～10 月份用电量明显增大,经稽查发现客户属于擅自使用暂停变压器违约用电。

二、稽查经过

经调查,某客户合同容量为 2×400 千伏·安,用电类别为大工业,计量方式为高供高计。系统工作单显示,该用户在 2013 年 2 月 26 日已申请办理暂停用电业务,2～3 月份期间用电量相对平均,均比暂停前明显减少,但从 4 月份开始用电量明显增加,存在可疑情况。

2013 年 11 月 7 日,营销稽查人员通过营销系统发现,该用户 2013 年 8～10 月份用电量明显增大,进行现场检查,发现该户封条被撕,用户擅自将已报停的 2 号变压器的 G5 高压柜开关合闸,根据用户交代和核实,该户 8 月 2 日将已暂停的 2 号变压器私自投入使用,属于违约用电行为。

三、问题研判与涉及风险

(1)用户擅自投运暂停手续的变压器用电,违反了《供电营业规则》第一百条第 1 点:"擅自使用已在供电企业办理暂停手续的电力设备或启用供电企业封存的电力设备"。

(2)用电检查人员对日常检查不到位,没有及时发现该户违约用电行为。

(3)抄表人员在抄表时对现场设备不熟悉,同时复核人员对客户电量突然增大未能及时发现。

風險點警示

★★★★　50801　用電檢查不到位，未發現違約用電行為。

★★★　30313　發現用電異常情況，沒有詳細記錄在抄表事項中（如零度、電量突變等，未向客戶了解情況，並詳細記錄在抄表事項中）。

四、整改與防範措施

（1）根據《供電營業規定》第一百條第4點規定，擅自使用已在供電企業辦理暫停手續的電力設備或啟用供電企業封存的電力設備的，應停用違約使用的設備。屬於兩部制電價的用戶，應補交擅自使用或啟用封存設備容量和使用月數的基本電費,並承擔二倍補交基本電費的違約使用電費。

（2）加強用電檢查和抄表人員業務培訓，應熟悉掌握日常用電檢查和抄表業務技能，提高發現問題的能力。

（3）提高電費復核異常信息的實用性，加強異常電費的偵查能力，復核人員每月對電量異常的客戶進行認真復核和比對，發現可疑客戶應及時反饋給用電檢查人員。

案例2　客戶擅自增容

一、案例簡介

某客戶由2014年10月份開始計費表電量突變較大，其中2015年1月份平均負荷超過其變壓器容量的理論上限值，經稽查發現該客戶存在擅自增容違約用電行為。

二、稽查經過

該客戶的用電類別為普通工業，合同容量為100千伏·安，計量方式為高供低計。2015年2月份稽查人員對轄區內專用變壓器供電模式客戶進行電量分析，發現自2014年10月份起用電量突變較大，2015年1月份的用電量超過其變壓器容量的理論上限值，屬於嚴重超負荷用電。

80

稽查人员通过查看营销管理信息系统，该用户于 2014 年 11 月进行用电检查，检查结果无问题。但该户自 2014 年 10 月份起用电量明显增大，电量一直在 6 万～8 万千瓦·时之间，2015 年 1 月份的平均负荷超过其变压器容量的理论上限。经现场检查，稽查人员发现该台设备外观明显为新设备且非常干净，变压器本体与锈迹斑斑的底托槽钢形成鲜明的对比，随后确认其铭牌记录额定容量为 160 千伏·安，与营销系统中记录的合同容量不符。该用户未按规定向供电局申请办理相关手续，私自对变压器进行了更换，属于违约用电行为。

三、问题研判与涉及风险

（1）用户私自更换了超过合同容量的变压器，违反了《供电营业规则》第一百条第 2 点："私自超过合同约定的容量用电"。

（2）供电局的抄表员、电费复核人员对用户用电量畸高没有引起足够的重视，在现场亦未察觉到用户私自更换了新的设备，抄表工作不到位。

（3）对专用变压器供电模式客户用电检查工作流于形式。没有根据用电异常信息开展有针对性的用电检查工作，致使没有发现如此明显的超容量用电情况。

风险点警示	★★★★ 50801 用电检查不到位，未发现违约用电行为。 ★★★ 30313 发现用电异常情况，没有详细记录在抄表事项中（如零度、电量突变等），未向客户了解情况，并详细记录在抄表事项中）。

四、整改与防范措施

（1）严格按照《供电营业规则》第一百条第 2 点规定："私自超过合同约定的容量用电的，除应拆除私增容设备外，属于两部制电价的用户，应补交私增设备容量使用月数的基本电费，并承担三倍私增容量基本电费的违约使用电费；其他用户应承担私增容量每千瓦（千伏·安）50 元的违约使用电费"，进行违约处理。如用户要求继续使用，则按新装增容办理手续。

（2）加强用电检查和抄表人员业务培训，熟悉掌握用电检查和抄表业务技能，提高发现问题的能力。

（3）提高电费复核异常信息的实用性，加强异常电费的侦查能力，复核人员每月对电量异常的客户进行认真复核和比对，发现可疑客户应及时反馈给用电检查人员。

案例3　转供电

一、案例简介

某加工厂用电客户擅自将电转供给某单位用于基建施工，现场核实用电容量为 80 千瓦，属于非法转供电违约用电行为。

二、稽查经过

2013 年 8 月 21 日，营销稽查人员在对某供电局供电区域进行用电检查时，发现某加工厂客户从加工厂低压配电柜处接出一组线路延伸至厂区围墙外面，稽查人员沿着线路进行检查，发现该客户擅自将电转供给某单位用于基建施工。

通过现场查看和核实，该单位基建施工用电都是通过分表计量后将电费交给加工厂，而加工厂也没有到供电局办理任何相关转供电手续，擅自将电供给某单位用于基建施工，已经构成转供电的事实。

三、问题研判与涉及风险

（1）用户擅自转供电，违反了《供电营业规则》第一百条第 6 点："未经供电企业同意，擅自引入（供出）电源或将备用电源和其他电源私自并网"。

（2）用电检查和抄表人员责任心不强，在现场检查和抄表工作不到位。

风险点 警示	★★★★　50801　用电检查不到位，未发现违约用电行为。

四、整改与防范措施

（1）严格按照《供电营业规则》第一百条第 6 点规定：未经供电企业同意，擅自引入（供出）电源或将备用电源和其他电源私自并网的，除当即拆除接线外，应承担其引入（供出）或并网电源容量每千瓦（千伏·安）500 元的违约使用电费。

（2）加大用电检查力度和加强对客户用电知识的宣传，不定期地向客户进行宣传和发放相关用电资料，引导客户安全用电与合法用电。

（3）加强抄表人员业务培训，熟悉掌握抄表业务技能，提高发现问题的能力。

案例 4　商务旅馆大楼接入住宅电能表用电

一、案例简介

某商务旅馆接入住宅电能表用电，存在违约用电行为。

二、稽查经过

稽查人员根据"高价低接"专项稽查工作，重点针对用电信息异常的用户进行现场检查。2017 年 4 月，营销稽查人员协同当地供电局对嫌疑用户蔡某华进行现场检查工作，现场发现该客户报装地址为五层商务楼，共有两个电能表，分别是居民合表和商业用表。

稽查人员对一楼商铺（约 350 平方米）用电开展检查，检查过程中商业用表暂未发现异常，而该户居民合表的供电对象是金尧商务旅馆，用电总面积约为 1050 平方米。该用户擅自改变用电类别，将居民电价用电接入商业用电，存在违约用电行为。稽查人员根据检查情况拍照取证，通知相关部门对其展开追补工作。

三、问题研判与涉及风险

（1）用电检查不到位，客户为一栋商务旅馆建筑，现场电能表分别为商业用电及住宅合表用电，检查人员没有认真执行检查标准，未发现异常行为。

（2）抄表员责任心不强，对日常抄表过程中用电性质不符的用户，没向用电检查人员反馈。

四、整改与防范措施

（1）建立并固化用户常态检查机制，两月用电量大于 2 万千瓦·时及以上的居民用户，建议供电局的抄表、核算、用电检查人员联动检查，每年检查一次。

（2）优化营销信息管理系统的电费复核预警规则，每月对月用电量 6 万千瓦·时以上居民电价用户进行预警提示，提高异常信息的实用性，提高系统异常电费的侦查力。

案例5　商业农庄接入农业生产用电案例

一、案例简介

某商业农庄接入农业生产电能表用电，存在违约用电行为。

二、稽查经过

稽查人员根据高价低接专项稽查工作，重点针对用电信息异常的用户进行现场检查。2017 年 4 月，营销稽查人员从营销系统导出《农业生产抄见电量达 2000 千瓦·时及以上》清单，协同当地供电局对嫌疑用户某经济合作社（农田）进行现场检查工作。

客户现场约为 300 亩（1 亩≈667 平方米）农业用地，稽查人员发现在报装面积范围内，其中约 100 平方米为商业性质用地，主要是向旅客提供餐饮服务，存在农业与商业混用地违约用电行为，农业电价每千瓦·时与商业电价的电价差约为 0.2018 元/（千瓦·时），用户擅自改变用电类别，

84

应对其进行追补工作。

三、问题研判与涉及风险

（1）用电检查人员没有认真执行检查标准，周期性用电检查流于形式，客户现场为农业用地，一电能表同时供给商业和农业用电，存在明显违约用电行为。

（2）抄表员责任心不强，对日常抄表过程中用电性质不符的用户，没向用电检查人员反馈。

风险点
警示 │ ★★★★ 50801 用电检查不到位，未发现违约用电行为。
　　　　★★ 50403 检查项目缺漏或检查不到位。

四、整改与防范措施

（1）建立并固化用户常态检查机制，两月用电量大于 2000 千瓦·时及以上的农业生产用户，建议供电局的抄表、核算、用电检查人员联动检查，每年检查一次。

（2）加强用电检查工作，加强对客户开展实质性检查，加强对用电检查人员的业务技能培训。

（3）规范抄表人员的工作行为，明确抄表人员职责、抄表异常处理流程，减少客户擅自改变用电类别的违约用电行为。

案例 6 住宅、农业生产接入农业排灌用电案例

一、案例简介

某用户农业生产接入农业排灌电能表用电，存在违约用电行为。

二、稽查经过

稽查人员根据高价低接专项稽查工作，重点针对用电信息异常的用户进行现场检查。2017 年 4 月，营销稽查人员从营销系统导出《稻田排灌、脱

粒》清单，协同当地供电局对嫌疑用户某村（农业排灌）进行现场检查工作。

在客户现场发现，该用户为一层的铁皮住宿房，占地面积约 30 平方米，现场只有一个电能表。稽查人员对报装面积进行巡视，该用户供电对象是一间铁皮住宿房及农业灌溉、林木培育和种植用电，客户报装用电为农业排灌用电，实际上应为农业生产用电，报装时伪造用电性质，存在违约用电行为。

三、问题研判与涉及风险

（1）用电检查人员没有认真执行检查标准，客户登记信息为农业排灌用电，而现场实际为农业生产用电，违约用电行为明显，用电检查人员未及时发现异常。

（2）抄表员责任心不强，对日常抄表过程中用电性质不符的用户，没向用电检查人员反馈。

风险点警示	★★★★ 50801 用电检查不到位，未发现违约用电行为。
	★★ 50403 检查项目缺漏或检查不到位。

四、整改与防范措施

（1）建立并固化用户常态检查机制，建议供电局的抄表、核算、用电检查人员联动检查，对于稻田排灌用户定期检查每年至少检查一次。

（2）加强用电检查工作，加强对客户开展实质性检查，加强对用电检查人员的业务技能培训。

（3）规范抄表人员的工作行为，明确抄表人员职责、抄表异常处理流程，减少客户擅自改变用电类别的违约用电行为。

案例7 客户绕越计量装置用电窃电

一、案例简介

某商场用电情况异常，其月抄表电量与现场用电负荷情况明显不符，经稽查发现客户绕越计量装置用电窃电。

二、稽查经过

2012 年 7 月，稽查人员对某线路线损异常情况进行常态稽查。某商场，2010 年 5 月办理高压新装业务，用电类别为商业，合同容量为 315 千伏·安，计量方式为高供低计。稽查人员通过营销管理信息系统发现该商场每月抄表电量只有一两万千瓦·时，用电量存在异常。

2012 年 7 月 12 日，营销稽查人员前往该客户所在地进行现场检查。在客户人员现场见证下，稽查人员在检查变压器低压侧引至计量装置前的电缆引线时，发现变压器低压侧电源一次电流明显比配电房的一次电流大一倍以上，经停电对该段电缆进行检查，发现有一路隐蔽电缆 T 接在该段电缆上，沿着假墙和管道引至三楼配电房分柜用电，绕越了二楼配电房计量柜和配电柜，致使少计电量。现场查处窃电图片见图 6-1。

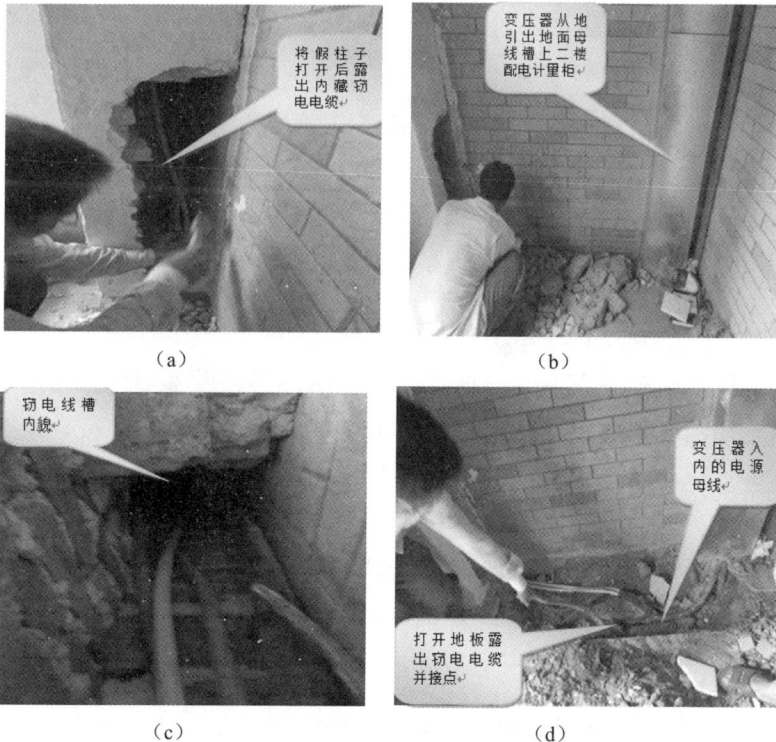

（a）
（b）
（c）
（d）

图 6-1　现场查处窃电图片

三、问题研判与涉及风险

（1）该客户在计量装置前擅自隐蔽接线用电，违反了《供电营业规则》第一百零一条第 2 点规定，"绕越供电企业用电计量装置用电"。

（2）业扩工程中间检查、竣工检验把关不严。在业扩工程竣工验收阶段，验收人员对相关用电设备检查流于形式，未能发现问题。

（3）用电检查人员日常检查不到位，没有及时发现该户窃电。

风险点警示

★★★★　50802　用电检查不到位，未发现窃电行为。

★★★★　10602　没有按规定程序开展竣工检验，相关查验资料和记录不规范、不完整。

四、整改与防范措施

（1）根据《供电营业规则》第一百零二条规定；"供电企业对查获到窃电者，应予制止，并当场中止供电，窃电者应按所窃电量补交电费，并承担交电费三倍的违约使用电费"。拒绝承担窃电责任的，供电企业应报请电力管理部门依法处理。窃电数额较大或情节严重的，供电企业应提请司法机关依法追究刑事责任。

（2）加强业扩工程验收检查工作。严把业扩工程验收关，用户工程进行中间检查时，要特别注意用户隐蔽工程，同时用户工程的竣工验收和装表接电阶段要与有关人员共同把关，防止用户预先做手脚进行窃电。

（3）加强线路线损异常核查，用电检查人员根据线损异常情况开展有针对性用电检查工作，提高其查处窃电问题的能力。

案例 8　故意使电流互感器欠流窃电

一、案例简介

2016 年 7 月，某客户的计量终端 B 相欠流报警，自 2015 年 4 月份开始，该客户用电量明显比 2 月份和 3 月份减少，经现场调查该客户擅自开启封印，使电流互感器欠流窃电。

二、稽查经过

某客户，用电类别为大工业用电，合同容量为 315 千伏·安，计量方式为高供低计，TA 变比为 500/5 安。营销稽查人员通过计量自动化系统发现某客户 B 相二次电流数据从 2015 年 4 月开始至 2016 年 7 月负控终端显示为零，而 A、C 相二次电流数据正常。

检查人员现场检查发现计量装置的封印有开启过的痕迹，并用胶水重新粘合，计量 B 相 TA 接线点被透明绝缘胶垫隔离（图 6-2），致使电能表欠流少计电量。在事实面前，该客户承认人为使计量装置不准来窃取电能的情况。

图 6-2　B 相电流互感器接线点被透明绝缘胶垫隔离图片

三、问题研判与涉及风险

（1）该用户计量柜后的封印已被人为开启后再用胶水连接，并用透明绝缘胶垫隔离 B 相电流互感器接线点，违反了《供电营业规则》第一百零一条第 3 点和第 4 点规定："伪造或者开启供电企业加封的用电计量装置封印用电"和"故意使供电企业用电计量装置不准或者失效"。

（2）抄表人员责任心不强，在现场抄表工作不到位。

（3）电费复核员没有根据收费系统提供的用户电量突变（突增或突减）进行认真复核和比对。

（4）用电检查人员、计量人员对计量自动化系统报警没有认真进行分析和排查。

四、整改与防范措施

（1）严格执行《供电营业规则》第一百零二条规定："供电企业对查获的窃电者，应予制止，并可当场中止供电。窃电者应按所窃电量补交电费，并承担补交电费三倍的违约使用电费。拒绝承担窃电责任的，供电企业应报请电力管理部门依法处理。窃电数额较大或情节严重的，供电企业应提请司法机关依法追究刑事责任"。

（2）增强抄表人员责任意识，在抄表过程中发现电量突然减少或增多，对有可疑情况的客户应及时将情况反馈给用电检查人员。

（3）提高电费复核异常信息的实用性，复核人员每月对电量异常的客户要进行认真复核和比对。

（4）加强对用电检查人员的反窃电技术技能培训，及时了解新型的窃电手段，提高用电管理人员的反窃电技能。

案例 9　更改电能表内部电流线圈窃电

一、案例简介

某客户由 2015 年 8 月开始计费表电量突变较大，经现场调查该客户擅自开启封印，更改电能表内部电流线圈窃电。

二、稽查经过

2015 年 12 月营销稽查人员运用营销系统对辖区内专用变压器供电模式客户进行电量分析。某客户，用电类别是普通工业，合同容量为 200 千伏·安。2015 年 12 月，稽查人员通过营销管理信息系统了解到该用户从 8 月份起用电量一直在 2 万～3 万千瓦·时之间，与 7 月份相比用电量明显降低。12 月 12 日到该客户所在地进行检查，发现计量柜铅封及计费电能表、参考电能表的铅封均被人为破坏，并用胶水重新粘合，现场校验结果为计费电子表有功误差 59.7%，参考表有功误差 75.2%。将计费电能表送厂家读取计费电子表内存数据记录及打开表盖对电能表内部结构进行检查发现，电能表的电流线圈被人为剪去 3 圈后再焊接上，造成少计电量，确认其属于窃电行为。

三、问题研判与涉及风险

（1）该用户计量柜后的封印已被人为开启，电流互感器二次回路被短接，违反了《供电营业规则》第一百零一条第 3 点和第 4 点规定："伪造或者开启供电企业加封的用电计量装置封印用电"和"故意使供电企业用电计量装置不准或者失效"。

（2）用电检查和抄表人员责任心不强，在现场检查和抄表工作不到位。

（3）电费复核员没有根据收费系统提供的用户电量突变（突增或突减）进行认真复核和比对。

风险点警示	★★★★ 50802 用电检查不到位，未发现窃电行为。
	★★ 50403 检查项目缺漏或检查不到位。

四、整改与防范措施

（1）严格执行《供电营业规则》第一百零二条规定："供电企业对查获的窃电者，应予制止，并可当场中止供电。窃电者应按所窃电量补交电费，并承担补交电费三倍的违约使用电费。拒绝承担窃电责任的，供电企业应报请电力管理部门依法处理。窃电数额较大或情节严重的，供电企业应提请司法机关依法追究刑事责任"。

（2）加强用电检查和抄表人员业务培训，熟悉掌握用电检查和抄表业务技能，提高发现问题的能力。

（3）提高电费复核异常信息的实用性，加强异常电费的侦查能力，复核人员每月对电量异常的客户进行认真复核和比对，发现可疑客户应及时反馈给用电检查人员。

案例 10　借中性线窃电

一、案例简介

某台区常住居民刘某，其电能表行度较少，用电量不符合正常用电量值的范围，经稽查发现该户存在借零线窃电行为。

二、稽查经过

2013 年 9 月 25 日，稽查人员对线损异常某台区开展专项工作检查。经稽查人员现场检查，刘某屋内发现装有双向控制开关 S 1 把，共有 3 只电能表。当控制开关 S 向上进行闭合操作时，1 号、3 号电能表不运转，当控制开关 S 向下进行闭合操作时，3 号电能表运转。

稽查人员对控制开关 S 进行闭合操作后分析，当控制开关 S 向上闭合时 3 号电能表相线测得电流为 0 安，零线电流为 2.5 安电流，1 号电表相线电流为 2.5 安电流，中性线电流为 0 安，1 号、3 号电能表均不能正常计量；当控制开关 S 向下闭合时，3 号电能表正常计量。刘某通过室内控制开关 S 操作来达到窃电目的。

三、问题研判与涉及风险

（1）客户通过室内中性线搭借使电能计量装置少计电量，违反了《供电营业规则》第一百零一条第 4 点规定："故意使供电企业用电计量装置不准或者失效"。

（2）抄表员责任心不强，对台区及用户异常的用电分析不到位，令窃电分子有机可乘。

★★★★　50801　用电检查不到位，未发现违约用电行为。

★★　30401　未进行异常电量、电费数据核对。

四、整改与防范措施

（1）建立健全线损"四分"管理制度，责任到人，奖罚分明。对线损突然偏高的线路、台区，有针对性的查窃电，往往会有明显的成效。

（2）增强抄表人员责任意识，在抄表过程中发现电量突然减少或增多，对有可疑情况的客户应及时将情况反馈给用电检查人员。

（3）提高电费复核异常信息的实用性，复核人员每月对电量异常的客户要进行认真复核和比对。

（4）加强对用电检查人员的反窃电技术技能培训，及时了解新型的窃电手段，提高用电管理人员的反窃电技能。

案例 11　伪造计量装置封印窃电

一、案例简介

某鞋业有限公司现场伪造计量装置封印，经稽查发现该户存在伪造计量装置封印窃电行为。

二、稽查经过

稽查人员重点针对用电信息异常的用户进行现场检查。2015 年 3 月 10 日，稽查人员发现某鞋业有限公司计量柜上两个封印，封印号与该用户记录档案不符，打开计量柜对计量装置进一步检查，发现计费表及参考表原封印已全部剪断，供电人员及时拨打报警电话并对窃电现场拍照取证，作停止供电处理。在警方现场作证的情况下，供电人员将用户计量装置交予第三方机构进行鉴定，2015 年 3 月 17 日经计量院和生产厂家宁波三星电器股份有限公司的检定，用户计量装置的检定结果均为"不合格"，计量表在 2013 年 4 月 28 日存在异常开启表盖记录，电能表三相电流互感器接线焊接处有人为动过，分别在三相电流处焊接三个五环电阻，导致电能表电流采样不准，计量综合误差为－50.48%。根据《供电营业规则》第一百零一条规定，该户属于"故意使供电企业用电计量不准或失效"窃电行为。

三、问题研判与涉及风险

（1）用电检查不到位，周期性用电检查流于形式，没有认真执行检查标准。

（2）抄表员责任心不强，对台区及用户异常的日常抄表检查不到位。

风险点 警示	★★★★　50801　用电检查不到位，未发现违约用电行为。 ★★　30401　未进行异常电量、电费数据核对。

四、整改与防范措施

（1）严格按照《供电营业规则》第一百零二条规定，窃电者应按所窃电量补交电费，并承担补交电费三倍的违约使用电费，进行窃电处理。

（2）规范抄表人员的工作行为，明确抄表人员职责；提高电费复核异常信息的实用性，加强异常电费的侦查力度。

（3）加强对用电检查人员的业务技能培训，用电检查人员根据用电异常信息开展有针对性的用电检查工作，提高查处窃电行为的能力。

（4）深入开展线损异常分析，利用线路、台区线损精确比对的结果开展线路、台区线损异常排查工作，特别是针对用户电量突变（突增或突减）的异常情况，制订针对性的检查计划。

案例 12　客户用电事故处理不到位

一、案例简介

某供电局由于客户电力设备故障，造成某线路跳闸停电，用电检查人员没按要求形成事故调查报告，用电事故处理不到位。

二、稽查经过

2015 年 1 月 8 日，稽查人员到某供电局开展用电检查业务稽查，通过营销系统"用户用电事故管理"模块发现 2014 年 12 月 21 日由于客户电力设备故障，造成某线路跳闸停电。

稽查人员查阅安全监管部门每月发布的《主配网事故事件统计分析和安全督察情况通报》发现，此次事件造成 23 个用户停电约 1.75 小时，产生停电时户数 40 小时户，线路跳闸前电流为 20 安，损失负荷 1928 千伏·安，损失电量 3374 千瓦·时。根据用电检查人员提供的现场资料，用户电气安全事故（事件）发生后，用电检查人员没有按要求形成事故调查报告，用电事故处理不到位。

三、问题研判与涉及风险

（1）用户没有把好用电管理关，未做好用电设备的维护管理工作，对小动物进入电房没有做好防范措施。

（2）发生客户用电事故（事件）后，事故现场调查取证资料不齐全，没形成调查报告。

风险点警示	★★★　50603　未按规定及时上报事故（事件）信息和调查报告。
	★★　50403　检查项目缺漏或检查不到位。

四、整改与防范措施

（1）落实该线路专用变压器供电模式用户设备的检查，督促用户整改和跟踪，对用户进行安全用电教育，避免同样的事件再次发生。

（2）定期开展季节性安全专项检查，协助客户做好反事故措施，避免发生由于客户原因引起的五级安全事件。

（3）严格按照《电业生产事故调查规程》的要求对每一项调查内容

进行客观、真实的记录，形成事故（事件）报告，防止类似事故重复发生。

一、案例简介

某供电局二级重要电力客户的"一户一册"建档不规范，存在供电安全风险。

二、稽查经过

营销稽查中心对辖区重要客户用电安全开展专项整治稽查。2014 年 10 月营销稽查人员到某供电局检查重要电力用户"一户一册"的建档情况，发现某二级重要电力用户建档不规范，主要表现在数据及信息缺失、错误。"一户一册"中客户基本信息的用电类别、合同总容量与营销系统中不一致；没有与客户签订《重要客户电力保障责任协议》；供电线路正常运行方式及负载情况信息不全，危险点分析内容缺失，未针对存在的问题进行分析；保安负荷容量为 2000 千瓦，自备应急电源容量为 1800 千瓦，自备应急电源配置容量标准未达到保安负荷的 120%；不间断电源装置（UPS）、应急电源（EPS）装置信息缺失；客户内部电源高、低压负荷、开关柜、变压器、自备应急发电机的信息缺失；无低压电气主接线图；重要电力客户设备状态未进行风险评估。

三、问题研判与涉及风险

（1）没有与客户签订《重要客户电力保障责任协议》。

（2）自备应急电源配置容量标准未达到保安负荷的 120%。

（3）重要电力客户"一户一册"建档质量不符合要求。

> **风险点警示**　★★★★★　50715　重要客户自备应急电源配置或使用情况不符合要求。

★★★　50708　未对重要客户"一户一册"档案及时进行动态维护或档案数据信息完整率未达 95%。

★★★　50710　基础资料不完整、不规范。

四、整改与防范措施

（1）加强与客户沟通，全力推动与重要客户签署《重要客户电力安全事故责任协议》和《重要客户自备电源安全使用协议》，按要求完成双协议 100%签订的目标。

（2）用电检查人员组织核实和统计已配置自备应急电源，但保安负荷配比不足 120%的重要客户所申报的保安负荷容量，向相关客户解释保安负荷的定义，并指导客户重新正确填报。

（3）用电检查人员工作时应增强责任心，要进一步提高自身的专业技能水平，完善重要客户"一户一册"建档工作，确保"一户一册"档案真实、完整、准确，并及时动态更新。

第七章

管 理 线 损

第一节 管理线损概念

电网经营企业在电能传输过程中所发生的全部电能损耗，是电力网综合电能损耗的统称，包括管理线损和技术线损。

管理线损：电能在电网传输过程中，由于计量、抄表、窃电及其他人为因素造成的电能损失。

技术线损：电能在电网传输过程中，由于传输介质固有的物理特性所产生的电能损耗。

线损率：线损电量占供电量的比率，是电网企业的重要经营指标和技术指标，综合体现了电网规划建设、生产运行、装备状况和经营管理水平。

第二节 管理线损业务关键风险点

管理线损业务风险分布在管理措施、异常分析、异常处理、问题整改及反馈等业务环节，其中关键风险点主要分布在管理措施、异常分析和异常处理3个环节，其中属于高风险的有以下几点：

（1）档案数据问题。客户档案与对应变压器关系管理不到位，档案资料与现场不一致，存在"吃里扒外"现象，损害企业利益。

（2）用户窃电、违约用电行为。业务人员涉及"吃里扒外"，损害企业利益，导致法律风险。

（3）计量装置准确性。不能及时发现计量装置故障，影响供电可靠性，损害企业利益，导致法律风险。

（4）线损分析机制不完善。人员责任分工不明确，线损管理不到位，导致线损指标不达标。

第三节 管理线损案例分析

未及时发现客户高压互感器烧坏导致线损异常

一、案例简介

某 110 千伏变电站 10 千伏 F22 某线 9 月线损率为 10.24%，超出 F22 某线 2.18%的考核线损率指标，稽查核实是客户高压电压互感器 A 相烧坏少计电量导致线损异常。

二、稽查经过

营销稽查人员在营销系统进行线损抽样分析时，在分析 F22 某线 9 月份线损异常过程中，发现挂在 F22 某线下的某大工业客户在 2014 年 9 月计费电量与 8 月份相比减少三分之一，明显不符合该客户正常用电水平。计量自动化系统显示，用户 8 月 10 日高压电压互感器 A 相失压报警，8 月份起该客户的用电量系统无记录。经现场检查，确认该客户高压电压互感器 A 相烧坏，外壳裂开，需要更换烧坏高压电压互感器并追补损失电量。

用户 9 月份实际用电量应该加上 8 月 10 日至 8 月 31 日的损失电量，根据 9 月份实际用电量还原 F22 线路的线损率为 1.36%，9 月份线损率在考核范围内，该线路线损正常。

三、问题研判与涉及风险

供电局计量人员对计量自动化系统运用不熟悉，没能发现并及时处理客户计量故障，导致系统少计客户 8 月 10 日至 8 月 31 日期间用电量，线路售电量失真，引起该线路线损异常。

风险点警示	★★★　20804　异常报警处理不及时或未闭环管理。
	★★★★　60207　因计量装置故障，导致线损异常。

四、整改与防范措施

供电局严格执行计量自动化系统报警监控的监督机制，加强人员业务培训，提高计量人员发现问题的能力，确保能及时发现计量故障。

案例 2 客户过户发生二次计费没有冲正退补电量导致线损异常

一、案例简介

110 千伏某变电站 F10 某线 8 月线损率异常，稽查核实是客户过户发生二次计费没有冲正退补电量导致线损异常。

二、稽查经过

2014 年 8 月份营销稽查人员在营销系统对 10 千伏线路线损开展精确比对，发现 F10 某线 8 月线损率超出考核指标。经查阅资料，发现挂在 110 千伏某变电站 F10 某线下面的某大工业客户在 2014 年 7 月办理过过户手续，该客户在 7 月份发生过二次抄表及电费二次结算。但抄表人员未将客户发生二次计费情况通知给线损管理人员，导致线损管理人员在营销系统计算该线路 8 月份线损率时，售电量只统计过户后客户计费电量，而未统计 7 月份二次结算电量，少计了 F10 某线实际发生的售电量，造成 F10 某线 8 月份线损率异常。

将客户 7 月份少计的二次结算的电量补加到 F10 某线售电量里面，该线路规正线损率正常。

三、问题研判与涉及风险

营业部各班组关联业务没有建立信息传递机制，抄核收人员没有及时将客户办理过户的信息传递给线损管理人员，造成该客户因办理过户业务，导致线路售电量失真，引起线路线损异常。

风险点警示	★★ 60220 因未更新负荷割接资料，导致线损异常。
	★★★★ 60303 没有闭环跟踪。

★★★　60108　未能对配网生产与营销基础数据档案的动态维护。

四、整改与防范措施

（1）供电局营业部各专业班组应加强协作，相关班组应将本管辖区域内当月所有发生电费二次结算的客户名单及时提供给局线损管理员。

（2）供电局线损管理人员每月根据本管辖区域内当月所有发生电费二次结算的客户名单，找出这些客户所在线路或台区，分析线损异常原因时就可以快速分析判断这类原因造成的线损异常，提高其分析的针对性，避免盲目性。

案例3　档案与现场不符导致线损异常

一、案例简介

某供电局某变电站 F28 某线 7 月线损率严重超出考核线损率指标，该线路线损发生异常，稽查核实为档案与现场不符导致线损异常。

二、稽查经过

2014 年 7 月份营销稽查人员在对线损率在线监测分析时，发现某供电局某变电站 F28 某线线损率严重超出考核指标。资料显示 110 千伏某变电站 F28 某线为空载备用线路，但营销系统却显示 7 月份 F28 某线下面带有一个某大工业客户。经查，该线路当月没有发生负荷接入及负荷转供等相关情况。

现场核实与营销系统客户信息一致，均显示该客户是接在 110 千伏某变电站 F36 某线上，与营销系统线损管理模块 7 月份显示该客户接入 F28 某线的馈线客户信息不相符。由于 F28 某线在营销系统线损管理模块中档案与现场不符，导致 F28 某线在 7 月份线损计算后出现线损异常。

三、问题研判与涉及风险

营业部、配网、基建等跨部门未能建立有效的信息传递机制。配网人员没有及时将发生转供电的馈线信息传递给营业部的线损管理人员。

四、整改与防范措施

（1）供电局营业部与配电部各相关班组应加强协作，配电部相关班组应将本管辖区域内当月所有发生过负荷接入及负荷转供的资料及时提供给线损管理员。

（2）供电局线损管理人员每月根据本管辖区域内当月所有发生过负荷接入及负荷转供的资料，找出所有有负荷接入及负荷转供的线路及台区，分析线损异常原因时就可以快速分析判断这类原因造成的线损异常，提高其分析的针对性，避免盲目性。

案例 4 环网转供电后没有组合计算线损导致线损异常

一、案例简介

月线损率一直正常的 110 千伏某变电站 F26 某线上升到 93.68%，严重超出考核指标，线路线损率异常。稽查核实，该线路当月进行环网转供电后没有组合计算线损导致线损异常。

二、稽查经过

2014 年 6 月营销稽查人员在计量自动化系统数据进行监控调查时，发现 110 千伏某变电站 F26 某线线损率严重异常。经查，2014 年 6 月份由于某变电站主变负荷调整，从 2014 年 6 月 3 日至 2014 年 10 月 31 日期间将某变电站 F14 某线的部分负荷转由 110 千伏某变电站 F26 某线供电。由于 F26 某线与 F14 某线互为环网，所以在此时间段内，两线路应合并计算线损率。但配网人员没有及时将环网转供电的信息及时传递给线损管理人员，造成线损管理员没有在计量自动化系统中将 F26 某线与 F14 某线组合

104

计算线路线损率，引起 F26 某线 6 月份线损率异常。两线路合并计算后得出 6 月份平均线损率为 1.154%，线路规正线损率正常。

三、问题研判与涉及风险

营业部、配网、基建等跨部门未能建立有效的关联业务的信息传递机制。配网人员没有及时将发生转供电的馈线信息传递给营业部的线损管理人员，导致线损管理员没有在计量自动化系统中调整线损计算模型，引起线损率异常。

风险点警示	★★　60221　因环网转供电，导致线损异常。

四、整改与防范措施

（1）供电局营业部与配电部各相关班组应加强协作，配电部相关班组应将本管辖区域内当月所有将要发生环网转供电线路相关资料提前提供给线损管理员。

（2）供电局线损管理人员每月根据本管辖区域内当月将要发生环网转供电线路，在环网转供电发生日，通过计量自动化系统中将相关线路组合起来，这样计量自动化系统在月底统计线路线损率时会将组合线路合并后计算线路线损率，提高线损分析准确性。

案例 5　户控终端数据采集故障未及时排除导致线损异常

一、案例简介

110 千伏某变电站 F24 某线 2014 年 6 月份月线损率为 73.108%，该线路线损严重异常。稽查核实为户控终端数据采集故障未及时排除导致线损异常。

二、稽查经过

2014 年 7 月份稽查人员在计量自动化系统对线路线损进行监控分析，

发现 110 千伏某变电站 F24 某线 6 月份月线损率为 73.108 %，该线路线损严重异常。核查发现 F24 某线下某大工业专用变压器供电模式客户缺失 6 月份售电量，该用户终端在线，但抄表失败。7 月 17 日，经现场排查发现该用户终端规约失效，导致采集不到计量表数据。终端数据采集故障抄录不到电量数据，导致系统少算供出电量，F24 某线线损异常。需要更换户控终端，更换终端后问题解决。

通过营销系统查得该客户 7 月 1 日抄见电量，即 F24 某线在计量自动化系统 6 月份缺失的供出电量，补回供出电量后 F24 某线规正线损率正常。

三、问题研判与涉及风险

供电局计量人员对计量自动化系统运用不熟悉，没能发现并及时处理计量终端故障。导致少算供出电量，从而出现线损异常。

风险点警示	★★★　20701　未及时发现计量故障、差错，造成营销差错。 ★　60209　因计量终端数据采集数据问题，导致线损异常（终端在线，抄不到数据或抄回的数据有问题）。

四、整改与防范措施

（1）供电局营业部各相关班组应加强协作，计量班组应将本管辖区域内当月所有发生户控终端抄录数据故障的相关信息提供给线损管理员，提高线损管理员线损分析准确性。

（2）供电局需加强计量自动化系统的日线损动态监控。发现连续几天户控终端抄录不到数据，就要及时通知计量人员去处理，确保终端时刻都能抄录到计量表数据。

（3）严格执行供电企业计量装置运行管理关于计量故障处理时限的规定："影响客户正常用电的高压电力客户计量故障的处理时间为 3 个工作日，低压电力客户计量故障的处理时间为 7 个工作日"。

一、案例简介

某供电局某公用变压器供电模式台区连续两期线损异常。对此稽查人员开展专项检查，发现线损异常是由几户低压居民用户窃电引起的。

二、稽查经过

营销稽查人员在日常线损监测过程中发现某供电局某公用变压器供电模式台区连续两期线损异常，对此稽查人员开展专项检查。2013 年 8 月 1 日到用户吴某处进行用电检查，发现该用户私自用一根电线在计量电能表进线前另接一组电源线进住宅作供电电源，并通过一转换开关与计量电能表供电电源转换使用，属"绕越供电企业用电计量装置用电"的窃电行为。稽查人员现场拍照取证，在证据面前用户承认窃电事实。供电局向用户吴某发出客户违约用电、窃电通知书及停止供电执行通知书，并对用户计费电能表进行停电封存。

现场检查用户吴某住宅内窃电电器，核实窃电设备总容量为 1.955 千瓦。经核查，该用户用电量由 2013 年 5 月份开始明显减少，确定该户窃电时间从 2013 年 5 月 1 日至 2013 年 8 月 1 日止共 93 天。根据《供电营业规则》第一百零二条规定："窃电者应按所窃电量补交电费，并承担补交电费三倍的违约使用电费"，《供电营业规则》第一百零三条规定："每日窃电时间：照明用户按 6 小时计算"。确定向该用户追补窃电电量 1090.89 千瓦·时，2013 年 10 月 30 日，该用户向供电部门缴清窃电电费 665.44 元，违约金 1950.51 元。将该台区下面几个窃电户合计窃电量加到售电量计算线损率后，规正线损率正常。

三、问题研判与涉及风险

（1）该用户私自在计量电能表进线前另接一组电源进住宅作供电电源，根据《供电营业规则》第一百零一条第二点规定，该户属于"绕越供电企业用电计量装置用电"的窃电行为。

107

（2）抄表人员在现场抄表时，只是完成抄表任务，没有发现用户窃电行为，工作责任心不强。

（3）电费复核员没有对用电量明显减少的低压居民用户进行认真复核，没有向抄表班组发出核查要求，致使用户窃电几个月都没有被发现。

（4）用电检查人员没有及时发现和查处这些私自绕越用电计量装置接线的窃电行为，用电检查工作不到位，工作责任心不强。

风险点警示	★★★　60205　因窃电，导致线损异常。 ★★★★　50801　用电检查不到位，未发现违约用电行为。 ★★　30401　未进行异常电量、电费数据核对。 ★　30302　未按规定时间完成抄表数据上、下装工作。 ★　30314　发现计量装置运行异常，未及时启动工作单通知计量班组处理。

四、整改与防范措施

（1）线损管理人员关注线损异常信息，及时传递给用电检查人员，对线路客户进行检查。

（2）明确抄表人员职责，规范抄表人员的工作行为，及时反馈电能表电量异常信息。

（3）加强对用电检查人员的职业道德教育，增强其工作的责任心；加强对用电检查人员的工作管理和业务技能培训，提高反窃电成效。

案例 7　公用变压器台区线损率异常分析查处用户窃电

一、案例简介

某台区线损连续三期异常。对此稽查人员开展专项检查，发现线损异常是由用户窃电引起的。

二、稽查经过

稽查人员在对系统数据进行分析时发现，某台区 2016 年 3 月份、5 月份、7 月份线损连续三期异常（单月抄表）（表 7-1）。

表 7-1　　　　　　　　　某村公用变压器台区线损率情况

月份	台区考核户户号	台区编号	台区名称	考核指标（%）	本月线损			
					供电量（千瓦·时）	售电量（千瓦·时）	线损率（%）	同比线损率（%）
1 月	0319**01	195*1	某村公用变压器	3.4	78019	77715	0.39	
3 月	0319**01	195*1	某村公用变压器	4.25	71805	66934	6.78	
5 月	0319**01	195*1	某村公用变压器	4.25	108728	95406	12.25	
7 月	0319**01	195*1	某村公用变压器	4.25	166562	148514	10.84	
9 月	0319**01	195*1	某村公用变压器	4.25	180612	179000	0.89	20.94
11 月	0319**01	195*1	某村公用变压器	4.25	129916	124500	4.17	123.01

从线损报表可以看到 3 月份、5 月份台区线损异常突变（经核查，7 月份异常是因为供电局人员是 5 月 5 日抄表，5 月 19 日处理，存在 14 日的异常电量）。从线损率大幅度升高这一异常现象，初步判断该台区用户存在窃电行为。稽查人员组织对该台区下所有用户进行逐户现场检查，判断用户名为黄锦洪（工业）的用户存在窃电嫌疑。5 月 19 日稽查人员现场拆下电能表，打开表盖，发现电能表内部线路板上被加装了 3 个电阻，使电能表计量少计一半电量（图 7-1）。

在窃电事实面前，用户承认了自身窃电行为。稽查人员经拍照取证及该用户在工作单上签名确认后，对该户作停止供电处理，截取现场电能表有功止码。

根据《供电营业规则》第一百零三条第 2 点：以其他行为窃电的，所窃电量按计费电能表标定电流值（对装有限流器的，按限流器整定电流值）所指的容量（千伏·安视同千瓦）乘以实际窃用的时间计算确定。

图 7-1　电能表内部线路板上被窃电用户私自加装 3 个电阻

三、问题研判与涉及风险

（1）抄核收人员没有严格执行电费核算办法规定："对核算时发现的电量电费异常数据应及时下发，进行复核确认"。现场抄表办法规定："发现计量装置异常运行情况，如电能表（互感器）烧毁、停行、倒行、封印损坏、表箱位异常、表位异常、倍率不符、表号不符，计量自动化终端有异常等，应在当天启动工作单通知计量班组处理。"

（2）根据《供电营业规则》第一百零一条规定，该户属伪造或者开启供电企业加封的用电计量装置封印用电、故意损坏供电企业用电计量装置、故意使供电企业用电计量装置不准或失效等窃电行为。

风险点
警示　★★★　60205　因窃电，导致线损异常。

四、整改与防范措施

（1）供电局需加强计量自动化系统的动态监控，比对终端电流与电能表内部电流数据，对出现异常的用户开展重点排查。

（2）加强对用电检查人员的职业道德教育，增强其工作的责任心；加强对用电检查人员的工作管理和业务技能培训，提高反窃电成效。

（3）明确抄表人员职责，规范抄表人员的工作行为。

案例8　10千伏某线线损率异常分析查处某公司用户窃电

一、案例简介

10千伏某线为连续异常线路。对此稽查人员开展专项检查，发现线损异常是由用户窃电引起。

二、稽查经过

营销稽查人员在对系统数据进行分析时，发现10千伏某线线损4～6月线损率异常，属于连续异常线路（表7-2）。

表7-2　　　　　　　　　　10千伏某线线损率情况

月份	线路名称	考核指标（%）	本月线损				
			供电量（千瓦·时）	售电量（千瓦·时）	专用变压器供电模式售电量（千瓦·时）	线损率（%）	同比线损率（%）
4月	10千伏某线（721）	2.52	131400	108020	108020	17.79	
5月	10千伏某线（721）	2.52	148200	121560	121560	17.98	
6月	10千伏某线（721）	2.52	171000	138728	138728	18.87	
7月	10千伏某线（721）	2.52	172800	310691	159562	−79.80	
8月	10千伏某线（721）	2.18	170400	170852	170852	−0.27	56.25
9月	10千伏某线（721）	2.52	143400	144206	144206	−0.56	−143.59

稽查人员在营销系统查看该线路用户，发现该线路下两个用户为同一客户（客户名称：某公司），即该线路只带有一个客户（表7-3）。

表 7-3 　　　　　　　　　　10 千伏某线用户情况

年月	用户编号	客户名称	线路名称	台区名称	客户类别
201606	031*01	某公司	10 千伏某线（721）	某箱式变电站配电变压器	公线专用变压器供电模式客户
201606	031*06	某公司	10 千伏某线（721）	某箱式变电站配电变压器	公线专用变压器供电模式客户

从线损率大幅度升高这一异常现象，且该线路下只有一个客户（两个用户为同一客户）的情况，稽查人员初步判断该客户存在窃电行为。

稽查人员于 2016 年 6 月 16 日到某公司进行用电检查，发现计费表电能表的封印完整，但计量装置计量柜的封印有人为破坏的痕迹。高、低压计量装置计量柜封印线被剪断后，使用胶水修复。从计量自动化系统查得该户自 2015 年 11 月 20 日凌晨 1 时 30 分 A 相开始失压，至 2016 年 6 月 13 日凌晨 3 时 A 相电流恢复正常，用户承认 A 相欠流是由于人为将 A 相电流短接（图 7-2）。

用户承认了自身窃电行为。现场检查计量装置运行正常，供电局人员重新更换铅封。稽查人员经拍照取证及该用户在工作单上签名确认后，对该户作停止供电处理，同时按窃电流程缴交电费及违约使用电费。

图 7-2　计量柜封印线被窃电用户剪断后使用胶水修复

三、问题研判与涉及风险

（1）抄核收人员没有严格执行电费核算办法规定："对核算时发现的电

112

量电费异常数据应及时下发，进行复核确认"。现场抄表办法规定："发现计量装置异常运行情况，如电能表（互感器）烧毁、停行、倒行、封印损坏、表箱位异常、表位异常、倍率不符、表号不符，计量自动化终端有异常等，应在当天启动工作单通知计量班组处理。"

（2）没有建立有效的计量自动化系统计量监测机制，计量人员没有有效地通过计量自动化系统的计量终端报警分析。

（3）根据《供电营业规则》第一百零一条规定，该户属伪造或者开启供电企业加封的用电计量装置封印用电、故意损坏供电企业用电计量装置、故意使供电企业用电计量装置不准或失效等窃电行为。

| 风险点警示 | ★★★ | 60205 | 因窃电，导致线损异常。 |
| | ★★★ | 20804 | 异常报警处理不及时或未闭环管理。 |

四、整改与防范措施

（1）加强对用电检查人员的职业道德教育，增强其工作的责任心；加强对用电检查人员的工作管理和业务技能培训，提高反窃电成效。

（2）明确抄表人员职责，规范抄表人员的工作行为。

（3）供电局需加强计量自动化系统的报警监控，不放过任何一条一类报警，确保能及时发现用户窃电行为。

第八章

客户停电管理

第一节　停电管理概念

配电网停电管理是指在配电系统数据集成的基础上，实现用户故障的电话报修，停电范围、原因与恢复供电时间的自动应答和基于用户性质、设备信息、班组计划的故障检修协调指挥。停电管理业务作为配电管理中较高层次的应用，实现的业务主要包括计划停电管理和故障停电管理。

停电管理是供电企业的重要生产业务，通过优化管理流程、扩大停电管理覆盖面、拓展技术支撑，统筹业务支撑等措施加强配网停电管理工作。有效的停电管理措施是切实提高配网供电可靠性水平的重要手段。对于供电企业，从服务的角度来说，保证了客户得到优质的供电服务，必要的各类停电管理可以避免各类突发故障停电；从经济效益的角度来说，保证了新增用户与原有用户的用电需求平衡。因此科学的停电管理，对保证供电企业的安全生产、经济效益等方面都有举足轻重的作用。

第二节　停电管理业务关键风险点

停电管理业务风险分布在有序用电管理、预安排停电管理、故障停电管理、违约用电停电处理、停电通知、节能服务、停复电资料管理、问题整改及反馈等业务环节，其中关键风险点集中在有序用电管理、预安排停电管理、故障停电管理、违约用电停电处理和停电通知 5 个环节，属于高风险的有以下几点：

（1）有序用电执行不规范。导致大范围居民客户或重要客户停电，影响其正常生活、生产。

（2）预安排停电执行不规范。单次停电时间超时，预安排停电时间超次，导致客户诉求增加。

（3）故障停电执行不规范。未能及时处理故障，导致故障停电时间长，导致大范围居民客户或重要客户停电，影响其正常生活、生产用电。

（4）违约用电执行不规范。未按规定进行停电审批，造成客户停电，将产生安全、法律风险；客户未能及时了解电费欠缴将导致产生违约金或停电的情况，或未及时恢复客户用电，将导致客户产生诉求。

（5）违约用电资料不规范、不完整。停电资料与现场实际不符，导致现场实施停电错误或停电流程不规范；未按相关流程对客户进行欠费停、复电，可能导致引发法律风险。

（6）停电通知不规范、不完整。客户未收到停电通知，或无法了解最新停电实施情况，将导致产生诉求。

第三节　停电管理案例分析

案例 1　欠费停复电不规范

一、案例简介

用户于 2014 年 12 月 27 日缴清了电费,但直至 2015 年 1 月 7 日为止,现场仍未复电，引起客户不满。

二、稽查经过

2015 年 1 月 7 日，稽查人员对客户诉求工单进行抽样检查，发现某客户咨询欠费复电问题。稽查人员查阅系统，用户的用电类别为住宅（一户一表），抄表周期是单月抄表。系统显示 2014 年 9 月 1 日，该户抄见电量为 248 千瓦·时，系统显示客户直至 12 月 27 日缴清 9 月电费和违约金，存在迟交电费行为。

稽查人员通过系统查询客户停电信息，未发现该户有欠费停复电记录，11 月 1 日该户抄见电量为 0，根据电量情况稽查人员初步判断该户已实施停电。稽查人员联系客户沟通，并确定客户停电情况属实，在客户缴清电费后仍未复电，直至 2015 年 1 月 7 日投诉后才复电。

三、问题研判与涉及风险

（1）供电局对于因欠费停电的客户没有做好后续跟踪工作，在客户缴清电费后没有及时获取信息，并按照服务承诺要求在当天予以复电，导致客户长达 11 天无法正常用电，不符合供电企业抄表管理细则规定：欠费停电的客户在全额缴清欠费后，必须在当日内恢复供电。

（2）该供电局抄表员未按要求在系统录入停电信息，缺少停电通知书等相关资料。

| 风险点警示 | ★★★★　70403　欠费停电的客户缴清电费后，未当日复电。
★★★　70405　欠费停、复电程序不规范，记录不完整、准确。 |

四、整改与防范措施

（1）严格按照供电企业抄表管理细则的规定"欠费停电的客户在全额缴清欠费后，必须在当日内恢复供电"执行，规范停电管理工作。

（2）严格按照供电企业抄表管理细则规定"所有已发出的《清缴电费提示》《欠费用户停止供电执行通知书》或《欠费用户停止供电工作传单》都必须在营销系统中按规定做好记录备查"，对欠费用户的催缴、停电和复电的操作必须在营销系统中做好记录备查，对已停电的用户要继续跟踪。

（3）明确抄表人员的岗位职责，规范工作行为，提高抄表人员的工作责任感，避免此类事件的再次发生。

案例 2　欠费复电未及时导致提级投诉

一、案例简介

2016 年 3 月 15 日，某区罗先生因欠费被停电，3 月 16 日上午客户办理缴费手续后直至 3 月 17 日仍未复电，两次致电 95598 询问复电时间，但服务坐席答复需预存 3 个月平均电费，客户对此表示不满，向监管局提级投诉。

二、稽查经过

稽查人员调查发现该客户 201602 期所欠电费共 197.64 元，3 月 15 日客户收到欠费通知后，已向银行存入了足够金额，但是由于银行代扣系统发生故障，未能成功扣费，导致 3 月 16 日 7 时客户被欠费停电。3 月 16 日 10 时客户到营业厅办理了缴费手续，直至 17 时仍未复电。

客户曾两次致电 95598 反映情况，坐席人员告知客户需到营业厅预存前 3 个月的平均电费金额方能复电。客户表示不接受，扣费失败是银行代扣系统故障造成，非个人原因应当马上复电，并要求对停电造成的影响上门道歉。由于营业厅人员未及时告知客户复电安排，3 月 17 日客户对此提出提级投诉。

接到投诉信息后，稽查人员与供电局人员走访客户，向客户道歉并解释本次事件的原因。根据相关规定，欠费停电后需预存电费后才进行复电的措施，但是此规定主要是针对多次、频繁欠费的客户，该客户不属于此类客户，但是工作人员未正确理解政策制度导致出现客户投诉事件，走访人员表示会认真听取客户意见，改进我局的催费服务措施，经过解释客户表示理解。

三、问题研判与涉及风险

（1）供电人员未严格执行《电力供应与使用条例》第三十九条要求，"客户自逾期未交付电费之日起计算超过 30 日，经催交仍未交付电费的，供电企业可以按照国家规定的程序停止供电。"

（2）供电局实施欠费停电不规范，缺乏与客户足够的沟通联系，未能及时掌握客户缴费账户余额足够的情况，未在停电前 30 分钟再次通知客户。

（3）服务坐席对供电局加强电费回收工作相关要求中："对欠费户在交清欠费办理复电时，必须预交一期电费款（暂按以不少于用电容量 380 元/（千伏·安）（千瓦）或最近三期电费平均值计算）才予以复电"错误理解为"逾期未交付电费的欠费户需预存前 3 个月的平均电费金额方能复电"，要求客户预存电费，激化了与客户之间的矛盾。

（4）客户诉求信息未能有效传达。客户两次致电咨询欠费复电流程、所需资料及反映银行代扣失败导致 16 日停电的问题，两张单均由 95598

坐席员直接回复，没有下传至责任单位。

四、整改与防范措施

（1）严格按照《供电营业规则》第六十七条的规定："除因故中止供电外，供电企业需对用户停止供电时，在停电前 30 分钟，将停电时间再通知用户一次，方可在通知规定时间实施停电。"执行停复电工作程序。

（2）客服中心应结合实际业务流程梳理业务风险点，对坐席进行培训及考评，提高坐席人员风险意识；同时整理客户诉求提级处理流程和业务表单，提高服务调度对客户投诉的管控能力。

（3）供电局应充分了解客户实际情况，结合客户的历史缴费情况差异化对待，避免出现无差别的催费行为，防止客户提级投诉。

案例 3　计划停电通知不到位

一、案例简介

2016 年 8 月 26 日，95598 接到客户投诉，表示未收到任何计划停电通知，在 8 月 26 日被实施停电造成了经济损失，对此情况表示不满。根据调查核实，该事件是由于工作人员未发送停电通知导致客户在不知情的情况下被实施停电。

二、稽查经过

稽查人员根据诉求内容查阅相关资料，根据营销系统显示客户所在的供电区域，在 8 月 26 日开展电缆改造工程实施项目，计划停电时间于当天 8:45 持续到 22:11。通过查询停电短信发送记录，该停电事件已向该停电区域客户发送停电通知，但无该客户停电发送记录。

稽查人员查询配网生产系统，检查发现当期的停电范围包括该客户，但在停电通知清单中，没有该用户信息。通过现场询问得知工作人员在选定停电范围时，遗漏勾选该用户，导致营销系统的停电通知客户清单没有形成自动关联，未及时发送停电信息引起了此次投诉。

三、问题研判与涉及风险

（1）配电人员未严格执行供电企业客户停电管理办法规定："及时发布经审批的停电计划，做好客户停电公告或通知工作，计划停电至少提前 7 天、临时停电至少提前 24 小时公告或通知"执行，在录入停电范围时，没有将该客户登记在内。

（2）停电通知负责人审核环节流于形式，没有审核停电事件及停电通知范围。

风险点警示	★★★★　70501　计划停电没有提前 7 天通知通知到重要客户、大客户、专用变压器供电模式客户和大型居民住宅区，未通知或通知错误。 ★★★　70201　设备停电申请部门或单位在停电申请前未进行"先算后停"，未能分析对客户的影响，在停电协调会前提交客户服务中心或县（区）供电局营业部。 ★　70803　停电设备、停电性质、停电起止时间不准确。

四、整改与防范措施

（1）明确及完善停电管理人员的岗位职责，严格执行配网生产系统预安排、故障、限电停电事件录入、归档工作，确保停电事件记录准确、及时、完整；同时配合营业部核对营销停电管理系统的预安排、故障、限电停电事件，确保配网生产系统与营销停电管理系统的停电事件准确。

（2）严格执行停电管理的规章制度，加强工作人员的业务培训和落实岗位责任制，严格按照要求做好停电工作，避免此类事件的再次发生。

一、案例简介

某客户于 2014 年 5 月 20 日 20:12 和 23:02 连续两次拨打供电客服电话，咨询故障停电的复电时间。通过稽查发现，由于供电人员误报故障恢复时间，导致客户诉求。

二、稽查经过

2014 年 8 月，稽查人员对重复拨打 95598 客服热线的客户进行抽样检查，发现某客户于 2014 年 5 月 20 日 20:12 和 23:02 连续两次拨打供电客服电话。稽查人员通过查阅 95598 记录和配调集约化系统停电记录，了解到该用户所在的某站某馈线因雷击事故发生了故障停电，故障开始时间为 2014 年 5 月 20 日 13:08，恢复送电时间为 2014 年 5 月 20 日 16:48。

根据客户两次诉求时间，稽查人员初步判定系统记录的复电时间与实际复电时间存在差异。通过查阅计量自动化系统的终端停电报警记录发现，当天该线路上的专用变压器供电模式和公用变压器供电模式计量终端均发出了终端停电的报警，终端停电报警发生时间均为 5 月 20 日 13:08，但部分用户的终端停电报警恢复时间为 16:48，另一部分用户的终端停电报警恢复时间为 23:38。

综合以上系统和实体资料的数据，可以确定该线路的非故障区域复电时间为 16:48，而全线故障恢复的时间为 23:38，对于故障区域的客户无延时复电通知记录。

三、问题研判与涉及风险

（1）按照服务承诺要求，故障停电后，城市地区抢修到达现场后恢复供电平均时间 4 小时，农村地区 5 小时。此次故障恢复时间从 13:08 至 23:38，长达 10 多个小时，超出了供电企业供电服务承诺兑现评价管理办法的要求。

（2）故障停复电客户通知工作落实不到位，导致客户多次致电询问修复时间。

（3）故障复电时间是指从故障开始到所有中低压客户恢复供电的时间，在系统中填录的复电时间应严格按照此概念录入。

风险点 警示	★★★★　70509　对停电计划变更、实际执行等信息，客户服务中心或供电局未及时通知涉及的重要客户、大客户、重点关注客户。 ★★★　70302　故障抢修恢复供电超过时限要求（自抢修人员到达现场，城市地区平均4小时，农村地区平均5小时）。 ★★　70802　停复电原始资料保存不当，缺失。

四、整改与防范措施

（1）供电局人员根据故障原因及影响范围，合理预计恢复时间，快速排除故障恢复供电，在服务承诺时间完成抢修。

（2）加强工作人员的业务和责任心培训，严格按照要求录入故障停电的开始和结束时间，做好客户停电事件的分析和统计。

（3）工作人员认真做好客户的通知工作，在故障停电后，通知所有受影响客户，告知停电原因和预计复电时间，超过2小时或超过预计复电时间2小时仍无法恢复供电时，应再次通知客户。

案例5　　瞒报停电信息，导致客户未收到停电通知

一、案例简介

2014年9月29日，95598客户服务热线收到某车站负责人来电，称当日上午6:20分左右停电，但没有收到任何通知，因近期为客运高峰期，而且是公共场所，停电没有任何通知，给客户造成了很大影响；稽查人员通过查阅系统和资料，发现供电局存在漏录停电范围的情况。

二、稽查经过

稽查人员查看系统的停电记录发现，2014 年 9 月 29 日该供电区域因更换某公用电缆分接箱外壳，需断开其前端的某电缆分接箱开关。停电时间从 2014 年 9 月 29 日上午 9:16 分持续到当日下午 14:57，该停电记录中显示影响客户数为 0 户。

稽查人员翻阅该段线路图纸确定停电区域，发现该公用电缆分接箱开关后段线路有 4 户，其中包括了致电 95598 客户服务热线的某汽车站配电房。通过计量自动化系统终端停电报警记录，该线路 4 个客户均发出计量报警事件；查看计量自动化系统与营销系统停电记录发现起始时间和复电时间不一致（表 8-1），少计停电时间 5.484 小时。

表 8-1 两个系统记录的停电时间比对表

信息系统	起始时间	复电时间	停电时长
营销系统	9:16	14:57	5.683 小时
计量自动化系统	6:20	17:30	11.167 小时

经过调查，工作人员承认蓄意瞒报停电时间和户数，企图通过数据造假，逃避停电时间的指标考核。

三、问题研判与涉及风险

（1）停电管理人员为达客户停电时间管理考核指标，蓄意瞒报真实停电时间和户数。

（2）供电人员没有履行停电通知的职责，尤其对于汽车站等公共运输场所，没有提前通知，给客户造成不便，对社会民众带来一定影响。

风险点警示

★★★★ 70501 计划停电没有提前 7 天通知通知到重要客户、大客户、专用变压器供电模式客户和大型居民住宅区，未通知或通知错误。

★ 70801 停送电记录内容不规范、完整。

124

四、整改与防范措施

（1）严格执行供电企业客户停电管理办法规定："及时发布经审批的停电计划，做好客户停电公告或通知工作，计划停电至少提前7天、临时停电至少提前24小时公告或通知。"

（2）对于无法自动统计的停电事件，可以采取基础数据人工记录的方式，但应如实记录，确保客户停电数据的准确性、及时性和完整性，严禁弄虚作假行为。

案例6 误操作导致客户停电投诉事故

一、案例简介

某客户向95598投诉，在没有电费欠费的情况下，先后两次被供电部门错封电能表导致停电，给家里的老人和小孩生活带来不便，客户强烈要求对工作人员进行批评教育，并要求工作人员上门致歉，做出合理解释。

二、稽查经过

稽查人员对客户诉求工单进行常态稽查，发现某客户向95598投诉，在没有电费欠费的情况下，先后两次被供电部门错封电能表导致停电。经过询问抄表人员，查看书面清单资料等调查发现，2015年4月2日，抄表员对某广场的电费欠费客户实施终止供电措施。其中一个应终止供电的欠费客户用电地址为"某广场8座702"，但抄表员到现场实施停电操作时，由于所持清单打印不清，在没有进一步核实的情况下，误将停电清单资料中的"8座"看成"9座"，且停电前未通知客户，导致错误停电和客户的投诉。

三、问题研判与涉及风险

（1）抄表员责任心不足，工作不够细致是造成此次事件的主观原因，现场没有仔细核对客户地址就实施停电，导致发生投诉事件。

（2）《供电营业规则》和供电企业抄表管理细则中明确规定，在实施停电前，应向客户发出欠费用户停止供电执行通知书，在停电前 30 分钟，将停电时间再通知用户一次，方可在通知规定时间实施停电。抄表员没有严格按照低压居民用电客户欠费中止供电的有关规范要求进行操作。

> 风险点警示
>
> ★★★　70405　欠费停、复电程序不规范，记录不完整、准确。
> ★★　70505　其他停电，没有在停电前 30 分钟，将停电时间再次通知客户。

四、整改与防范措施

（1）加强对抄表员的业务培训和教育，强化工作责任心和精细化管理；规范低压居民用电客户欠费停电及恢复供电的工作流程，切实掌握停电的有关操作细则，避免此类事件再次发生。

（2）抄表员在实施欠费停电前应提前通知客户，认真核对现场停电信息，避免发生误停、错停电的情况。

案例 7　计划停电延时复电未通知客户

一、案例简介

某供电局 2017 年 1 月 4 日计划停电工单，存在延时送电未向客户发送延时复电信息通知的情况。

二、稽查经过

2017 年 4 月，稽查人员开展客户停电管理工作专项稽查发现 1 月 4 日某变电站 10 千伏线路设施计划检修，影响客户数为 884 户，计划停电时间为 1 月 4 日 8 时至 18 时，通过查询营销系统和计量自动化系统，工程实际停电时间至 22 时 08 分，比原计划的停电时间延迟 4 小时。根据客户停电通知记录显示，该工单未向客户发送计划延时复电信息。

经过现场询问供电可靠性管理人员，该停电计划于当日 16 时 09 分已进行送电，但送电过程中，该线路另一柱上开关发生跳闸，造成开关后段线路仍然无电，使 880 户客户未按时复电，于当日 22 时 08 分，故障修复后全部客户恢复送电。但由于供电可靠性管理人员工作疏忽，未及时向停电管理人员和客服中心说明延时送电情况，造成未向客户发送延时复电信息。

三、问题研判与涉及风险

（1）供电局信息传递和部门内部协调不力，未及时传递相关停电信息；工作人员未严格按照要求进行延时复电流程申请，导致未向客户发送延时复电通知，造成客户未及时了解延时复电情况，容易引发客户诉求。

（2）线路送电过程中发生故障，供电局未能及时将停电信息传递至客服中心，造成客服中心工作人员不能及时了解和跟进故障抢修情况，导致未向客户发送故障停电通知。

风险点警示	★★★★　70207　对于超过停电计划复电时间的施工工程，没有及时将施工情况和预计复电时间及时通知电力调度控制中心、客服中心及受影响客户。
	★★★★　70509　对停电计划变更、实际执行等信息，客户服务中心或供电局未及时通知涉及的重要客户、大客户、重点关注客户。
	★★★★　70510　对故障停电未按"两个 5 分钟"要求将停电信息传递至客服中心，导致客服中心错发、漏发、未发停电通知。

四、整改与防范措施

（1）部门内部应加强停电信息交互，停电管理人员严格按照要求进行延时复电流程处理，确保客户及时了解延时复电情况。

（2）严格按照供电企业配网故障快速复电指导意见相关规定：确定故

障信息后，供电局 5 分钟内应发送停电通知；停电责任单位故障修复，恢复送电后 5 分钟内通知客服中心，客服中心 5 分钟内向受影响客户发送复电通知；确保客户及时收到停电信息。

案例 8 客户联系信息缺失导致未收到停电信息

一、案例简介

某供电局对于 97 个客户因客户联系信息缺失，导致未发送停电通知的情况。

二、稽查经过

2017 年 4 月，稽查人员开展客户停电管理工作专项稽查发现某故障停电工单，停电时间为 2017 年 3 月 15 日 14 时 35 分至 16 时 43 分，共影响1229 户客户，对涉及停电的用户检查其停电信息发送的情况，发现 1229户客户中有 97 户客户未发送抢修通知。稽查人员通过检查发现，97 户客户的档案停送电联系人信息为空，导致未发送停电通知。

三、问题研判与涉及风险

客户联络信息收集工作落实不到位，未及时对各类联络信息缺失的客户进行信息收集和维护，导致客户无法及时了解到停电信息，容易产生客户诉求。

风险点警示

★★★★★ 40805 对 10 千伏及以上线路故障停电、影响低压客户 100 户以上的停电以及涉及重要客户的停电事件，未按要求进行内部汇报或外部短信通知受影响客户。

★★★★ 70509 对停电计划变更、实际执行等信息，客户服务中心或供电局未及时通知涉及的重要客户、大客户、重点关注客户。

四、整改与防范措施

（1）落实做好客户联络信息收集整理工作，定期开展营销系统停送电联系人信息核查，对联络信息缺失的客户开展信息收集，对联络信息设置不规范、登记不合理的客户进行整改，提高客户联络信息有效率。

（2）对于涉及计划停电的区域客户，严格按照要求提前7天发出停电信息；临时停电计划在停电前24小时发出停电信息。

案例9 公用配电变压器超负荷频繁停电引起客户不满

一、案例简介

某镇村民反映近一个星期，他们村已经无故停电三次，800多户家庭饱受停电困扰，希望供电局尽快采取有效措施解决群众的正常生活用电问题。稽查人员现场检查，发现客户所在区域超负荷用电，导致开关跳闸停电。

二、稽查经过

2014年7月31日，95598供电服务热线接到客户投诉，反映某某镇某村（某公园附近）近一星期已连续停电三次，每晚都是21:30～22:00开始停电，停电时间在1～2小时，停电时间频繁，停电没有预先通知，严重影响了附近住户和商户的用电，为此，客户投诉意欲强烈，要求相关部门尽快解决此问题。

根据客户反映的故障停电情况，稽查人员查询客服系统，发现在7月24日至7月31日，关于某村晚上故障停电的工单共311张，仅在7月31日22:06至23:58期间，就接收了89张咨询某村一带故障停电的工单，客户反映停电情况属实，频繁的故障停电确实造成大范围影响。

8月4日，稽查人员到供电局了解情况，经现场检查，发现由于天气炎热致使用电负荷急速上升，供电设备开关因无法承受过高用电负荷而跳闸，导致频繁停电。相关运维班人员已将原400安的开关更换为630安开关，加大开关容量，调整用电负荷。采取措施后，工作人员经过多日跟踪观察，未发生因过负荷导致停电情况。

三、问题研判与涉及风险

（1）在天气炎热用电高峰时期，公用配电变压器超负荷频繁停电的情况时有发生，供电局没有提早留意所辖区域的配变台区负荷情况，没有提前采取有效防护措施，过负荷问题是在客户频繁停电造成多次强烈不满后才采取行动解决，停电管理工作不到位。

（2）相关部门在发生大范围故障停电后，没有通过电话、短信等渠道发布停电信息，造成大量客户需要通过95598人工服务热线重复咨询同一停电事件，停电通知工作不到位，缺乏主动告知意识。

> **风险点警示**
>
> ★★★★★ 40805 对10千伏及以上线路故障停电、影响低压客户100户以上的停电以及涉及重要客户的停电事件，未按要求进行内部汇报或外部短信通知受影响客户。
>
> ★ 70109 有序用电监控不到位。

四、整改与防范措施

（1）密切留意供电辖区内用电负荷增长趋势，充分利用计量自动化系统负荷监测功能，及时掌握负荷状况。对于负荷过载或接近过载台区，供电局应对用电报装客户做好告知、解释工作，并及时将用电台区报装受限信息对外公布。

（2）安排运维班组加强配变台区巡查工作，及时发现故障设备，消除潜在故障停电风险。

（3）密切留意用电量增幅较大的客户用电状况，对于私自超出合同容量用电客户出具违约用电通知书，要求拆除私自增容设备，确保控制用电负荷，同时对过载台区和过载分支出线加强监控，针对过载停电情况对小型加工厂进行错峰用电，必要时进行负荷调整。

（4）加强停电通知工作力度，对于计划停电、有序停电、故障停电等，及时做好停电信息发布工作，尤其在突发停电发生时，应当迅速响应，主动通过电话、短信、公告等渠道告知广大用电客户，避免造成停电客户的误解。

参 考 文 献

[1] 曹学刚. 灌云县供电公司电力营销业务风险管理研究 [D]. 南京理工大学硕士学位论文. 2012.

[2] 成永贵. 乡镇供电企业电力营销中存在的问题及对策 [J]. 东方企业文化. 2013 (3): 58.

[3] 王海霞. 供电服务: 突破与延伸 [J]. 中国电力企业管理. 2013 (24): 50-51.

[4] 来沛剑, 冯晋. 引入 PDCA 循环的营销稽查监控工作方法探讨 [J]. 中国电力教育. 2013 (20): 186-187.

[5] 许多红. 浅谈"三查一督办"营销稽查监控工作机制的建立 [J]. 经营管理者. 2014 (23): 249.

[6] 李运蔷. 关于营销稽查对降低电力营销风险的作用 [J]. 科技与企业. 2015 (1): 71.

[7] 赵宝军. 浅议电力营销稽查中的问题及管理措施 [J]. 科技创业家. 2013 (19): 228.

[8] 陈学敏. 电力营销与客户服务信息集成系统构架设计研究 [D]. 合肥工业大学硕士学位论文. 2003.

[9] 邓志为. 供电企业电力营销稽查监控体系构建 [J]. 山东工业技术. 2015 (9): 210.

[10] 潘涛涛. 电力企业在市场化环境下的营销开发策略 [J]. 华东科技: 学术版. 2014: 208.

[11] 王宇. 公共低压台区管理体制的研究 [D]. 华北电力大学硕士学位论文. 2011.

[12] 梁凤云. 试析营销稽查在电力营销管理中的运用 [J]. 科技创新与应用. 2013 (33): 134.

[13] 霍剑. 加强营销稽查监控体系建设全面提升营销工作质效 [J]. 科技与企业. 2014 (17): 47-48.

[14] 许崇金. 构建科学的稽查工作体系 [J]. 江南论坛. 2010 (9): 45-46.

[15] 潘肇宇. 浅议电力营销管理信息系统 [J]. 现代经济信息. 2015 (7): 102.

[16] 潘进．小区域电力市场营销战略研究——以××市供电公司为例［D］．复旦大学硕士学位论文．2009．

[17] 杜晓茜．电力公司营销安全风险评价与管理体系研究［D］．华北电力大学硕士学位论文．2012．

[18] 崔涛．供电企业营销安全风险分析研究［J］．技术与市场．2014（11）：201-202．

[19] 谷跃明．电力企业营销新思路探究［J］．科技创新与应用．2012（15）：259．

[20] 唐源湘．安全风险管理在电力建设施工的应用［J］．低碳世界．2014（11×）：90-91．

[21] 梁旭常，冼瑞成，杜耀权，等．营销稽查典型案例的价值研究［J］．中国电业：技术版，2015（11）：218-222．